QIYE
JIA
DEGUSHI

企业家
的故事

韩玉◎编著

QIYEJIA
DEGUSHI

蓝天出版社
Blue Sky Press

图书在版编目(CIP)数据

企业家的故事／韩玉编著．—2版．—北京：蓝天出版社，
2010.8（2012年5月重印）

ISBN 978 - 7 - 5094 - 0439 - 3

Ⅰ.①企…　Ⅱ.①韩…　Ⅲ.①故事 - 作品集 - 中国 - 当代

Ⅳ.①I247.8

中国版本图书馆 CIP 数据核字（2010）第 149397 号

责任编辑:薛虹
封面设计:古彩艺术设计工作室
插图绘制:文鲁工作室

出版发行:蓝天出版社

社　　址:北京市复兴路 14 号

邮　　编:100843

电　　话:66983715

经　　销:全国新华书店

印　　刷:北京市业和印务有限公司

开　　本:16 开（680mm×960mm）

字　　数:188 千字

印　　张:14

印　　数:5000 —10000 册

版　　次:2011 年 1 月第 2 版

印　　次:2012 年 5 月第 5 次印刷

定　　价:28.00 元

前 言

人生如虹,世事似锦。

虹的出现,需要符合光学原理,属于自然现象;锦的存在,则既有自然状态下的七色华丽,也有人文精神的光芒普照。二者虚实同根,交相辉映。

人才的成长需要内因和外因的共同作用,犹如彩虹的形成,只有具备了在空中积聚起小水珠的条件,才能经日光照射发生折射和反射作用而拱起那绚丽的英姿;世事是由人类的活动构成的。自人类存在以来,不分种族肤色,世世代代都以勤劳的智慧、英勇无畏的本色,推动着人类的生存和发展,不断创造着物质世界和精神世界,并由此构筑了人类五彩缤纷的文化广宇。

在人类曲折漫长的历史进程中,涌现出了无数的政治家、科学家、军事家、文学家、艺术家、企业家等等耀目如虹的群体。正是因为有了他们的杰出作为和不朽的贡献,人类社会才异彩纷呈、锦绣绵延。

翻开人类的历史,战争与和平交替而进,科学成就和人文精神不断生发与共享。一代又一代后人,无不吸吮着前辈的智慧而获得更高的生存本领,并在传承创新中推动着历史的车轮向前发展。

　　追根溯源，人类的发展壮大须臾离不开学习和创造。无论是学习理论还是学习实践，都离不开前人的智慧结晶，离不开前人为后人留下的人生足迹。从励志的角度上讲，前人所获得的任何一项成就的过程，其本身就是一部精工毕至的教科书，对于立志成为对人类有所贡献的人们来讲，那是取之不尽用之不竭的智慧源泉。

　　部队是人才成长的摇篮。年轻的基层官兵是国家人才库的强大后备力量。为了帮助基层官兵扩大阅读范围，并在阅读中不断增进学习兴趣，为人才成长助一臂之力，我们编辑出版了这本汇集了古今中外各方杰出人才的故事书。希望大家在阅读中心有所悟、学会所得、用有所成。

　　最后，特别提醒读者朋友，书中所用插图大部分与书中文字内容并无关联，目的只是为了调节大家的阅读情绪，在此特作说明。

编者
2011 年 1 月

目　录

第三章

"快乐使者"迪斯尼

第四章

经营管理之"神"松下幸之助

第五章

"汽车之父"福特

第六章

电脑"天皇"比尔·盖茨

第七章

"军火大王"杜邦

第一章

慈善的石油"恶魔"洛克菲勒

◉ 老约翰·戴·洛克菲勒

在美国无线电公司大楼 56 层洛克菲勒家族办公处,有一尊尺寸比真人小一些的约翰·戴·洛克菲勒的半身铜像,这尊铜像描绘出这位奠基人高龄时的面貌:消瘦,有皱纹,神态严肃,但脸上带有一丝苦笑,眼中发出一线微光。

仿佛他默默不语地满足于自己的背景、地位长久的生活历程,看到一些追随其足迹的人士的细瑕微疵而暗中自娱。

但他肯定不是天生的商业天才、靠剥削致富的资本家和百万富翁。事实上,在他童年时代几乎没人能看出他身上有什么特征,预兆他日后会成为何等人物。

约翰·戴·洛克菲勒于 1839 年 7 月 8 日出生在纽约州一个偏僻的小镇上,当时美国诞生只不过 60 多年。他由一位虔诚的基

督教徒母亲抚养大,由一位不虔诚的花花公子父亲教育成长。

他父亲当时在西部尚未开发的原野上赶着一辆上面有篷盖的兽车出售江湖药品。经济上,这一家有过兴衰起伏,他们住在克利夫兰附近,五个儿女中最大的男孩约翰16岁就出去在商业世界中发挥他自己的潜力。

他决意不升大学,在将毕业之前就放弃中学学业。在中学里,同班同学都叫他"戴根",因为他笃信宗教,按时上礼拜堂。为了准备找到工作,他上过克利夫兰的福尔索姆商业学院的一个为期四个月的班,学会计和簿记。

然后挨门挨户地寻找他的第一份工作。三个星期之后他找到了,但仅仅是试用,这件事他恭恭敬敬地在他上班的第一星期买来的个人账本上写上:"1855年9月26日,开始在俄亥俄州克利夫兰的休威特和塔特尔商行当簿记员。"

在那里,他不拿工资干了三个月后才被正式雇用,头三个月补给50元,此后定为每月25元。1856年1月1日,他被安排在休威特和塔特尔待一年,全年300元。

1856年在整个美国,大多数人家用蜡烛照明,只有富裕人家才买得起鲸油或者一种新发现的煤油。克利夫兰当时是一个新兴的正在迅速扩展的城市,是东部和西部之间的一个运输中心,休威特和塔特尔商行是克利夫兰兴旺发达的几家代理行和产品运输行之一。

他和两位合伙人一起在办公室工作,观察着做生意的一切经络,也暗地为自己总结出一套好的业务政策:诚信、名声和注意细节。

大概是洛克菲勒对商界的一种天生的预感,工作第一年的 5 月,他第一次从事了房地产投资。

1856 年 9 月 3 日,他贷给休威特和塔特尔雇主 1000 元,并取得他们开具的借据,年息 10%。

工作满一年他挣得了 300 元,花去的 1 分 1 角都记在私人分类账本的项目下:捐款、膳食、洗衣、租马、杂项等等。那一年他开销过了头。他写道:"支出超过薪水 23 元 2 角 6 分。"

两年以后,他在休威特和塔特尔商行工作的时候,就以中间商的身份向父亲、母亲和弟弟威廉借钱,全用来投资在猪肉和猪油上。

第二年他因年薪问题,跟休威特和塔特尔商行分道扬镳。约翰·戴·洛克菲勒要一年 800 元,而雇主们却认为他不值 700 元。

因此他决定辞职不干,另谋高就,他开始和莫旦斯·克拉克合伙经商。克拉克是年纪比他大 10 岁的一位英国移民,可是要合伙,洛克菲勒必须拿出 2000 元去参加克拉克的资本投资。由于自己的积蓄不够,他向父亲告贷 1000 元。父亲同意了:"可是约翰呀,利率是 1 分。"

这是父亲贷给儿子的许多笔巨款中的第一笔,但他始终按现行利率计息。父亲特别喜欢在出其不意时向儿子提款,目的只是为了要看看洛克菲勒付不付得出,随后再借钱给儿子。在后来的岁月里,洛克菲勒接受了父亲教他经商的这些"实际方法"。

后来,洛克菲勒在高龄时对他的孙子纳尔逊说,自己早年受到的训练和纳尔逊所受到的截然不同。当他还是一个小孩子的时候,父亲曾经教他从高椅子上纵身跳入父亲的双臂。可有一次父亲把胳膊移开了,洛克菲勒就栽到地上,而父亲严肃地对他说,"要记住呀,绝不要完全信任任何人,甚至包括我在内。"

1859年3月18日,克拉克和洛克菲勒合开的经纪商行在克利夫兰河街32号开张了。洛克菲勒那时不过19岁。克拉克干"外场",对付顾客和委托商品,洛克菲勒依然大部分时间干"内场",经管账目和业务资金。他精于此道,沿袭了他做记账员时精细的传统。

克拉克和洛克菲勒在商行一开张就努力干,干得很好,生意兴隆。开业的第一年年底,约翰就分得2200元净利。

1859年8月27日,埃德温·L·德雷克钻入大地,在离克利夫兰不到75公里的地方打了第一口油井。这一年兴起了石油热潮,正像十年前的采金热潮一样。

一批克利夫兰商人决定要调查一下这项新富源获得的可能性,他们选中洛克菲勒这位精明能干的青年商人去亲自巡视油田,回来向他们汇报。

他却认为那里一片混乱,乌烟瘴气,并且建议说稳健的商人不会在石油生产上投资。但他估计在炼油方面很可能有利可图,可这门生意也有很大的风险,劝人家不要去搞。

可是,三年之后,业已来到克利夫兰的另一个英国人萨姆·安德鲁斯找上洛克菲勒的合伙人莫里斯·克拉克。

此人当时在一家用煤炼油的炼油厂工作,他告诉克拉克他发现了更好的方法,用硫酸把石油炼成火油。可是他需要金钱开设一家自己的炼油厂。

结果是,获得额外利润的克拉克和洛克菲勒商行投资

4000 元,作为萨姆·安德鲁斯要经营的炼油厂的一半资本。洛克菲勒甚至不屑列名于这家新商行,只称为安德鲁斯—克拉克公司。

新公司发展时,因为萨姆·安德鲁斯确实有一种炼油的高超方法,要求克拉克和洛克菲勒商行提供更多的资本。洛克菲勒就又跑出去借钱。

可是在第二年期间,莫里斯·克拉克和洛克菲勒友好地分道扬镳了。

他们俩在业务政策上的争执已变得无法调和。克拉克反对比他年轻的同伙对放账给顾客太刻板,同时却让母公司冒相当大的风险去借成万的款子扩充石油生意。

因此于 1865 年两人决定分手,把他们的合伙关系也一分为二,互相争购商行在安德鲁斯—克拉克公司的股权:出价最高的人将取得石油生意,另一个人就保留那家代理商行作为个人所有,外加出价最高的那一笔钱。

结果洛克菲勒毫不犹豫地出 72500 元的高价取得了石油生意。

1864 年,他曾向劳拉·塞利斯蒂亚·斯佩尔曼求婚。她是克利夫兰一位富商的女儿,受过很好的教育,当过教员,热烈赞成废除黑奴制度,笃信公理会教义。

1864 年 4 月 8 日,他买了订婚的金刚钻戒指,买价 180 元。同年 9 月 8 日的婚礼费记为 20 元;结婚证 1 元 1 角。新婚蜜月去观赏尼亚加拉瀑布 7 角 5 分,替新娘买一个垫子另外花 7 角 5 分。甚至 3 分钱邮费也没有在分类账上漏掉。

洛克菲勒对石油生意的专注,很容易从他婚后初年的第二册分类账本上看到:"因回家吃饭晚付劳拉 2 元……晚回家吃饭 2 角 5 分……7 角 5 分……2 角 5 分……"新的洛克菲勒—安德鲁斯商行马上开始扩充。洛克菲勒自告奋勇照顾"小细节",诸如油桶成本、储油设备、运输之类,当然还照顾资金调拨和市场推销。

当时石油业的困难是显而易见的:生产过多,供应过多,价格猛跌。

具有逻辑和分析头脑的洛克菲勒开始应对一切挑战,出售较好产品,扩大市场,首先是削减成本,以便能够安全地降低价格。他向银行借款,扩大萨姆·安德鲁斯的老炼油厂,随后在克利夫兰兴建一家他称为"标准"更好的新炼油厂。这一名称是根据约翰所要推销的产品而定的。

洛克菲勒从一开始就加强质量管理。他还在纽约市开设了一个办事处,由他的弟弟威廉负责,向东海岸和国外出售标准公司的石油。

他年复一年地投资购买标准公司自用的储油车厢,供铁路运输之用,购买驳船和油船,经由"大湖"运送石油,随后购买输油管,免付铁路运输费用。

他在和萨姆·安德鲁斯合伙经营之后两年解决了标准公司的财务问题。他招来了两位新的合伙人。其中一位是粮食经纪商,长老会牧师的儿子,是位具有商业头脑的人物。

1870年,合伙人得出结论,公司已超过有限合伙经营的效率,于是在1月10日按照法律改成股份公司,称为标准石油公司。资本额为100万元,分成1万股,每股面值100元。

身为创办人、总裁和首席行政人员的约翰·戴·洛克菲勒获得 2667 股,刚超过公司所有权的 1/4。他当时 30 岁。

倾向讲求效能的洛克菲勒,憎恨浪费精力、浪费成本和固有利润。当时的习惯做法是一次次降低价格,直到把竞争者赶出这个行业,随后才能再抬高价格。

标准公司在继续发展,成为当时美国不需要向公众筹款的几家大公司之一。

到了 19 世纪 80 年代,标准石油公司又进一步向西欧和中国扩大海外市场。

海外市场逐渐扩大,致使洛克菲勒在 1884 年把标准公司的国内基地从克利夫兰迁到纽约,他也和公司一起迁居。标准公司的总部设在百老汇路 26 号,这幢大楼高 14 层,它后来成为了当时纽约最出名的地址之一。

在纽约的一家旅馆里住了许多年之后,洛克菲勒以 60 万美元的价格买下一幢四层楼的老房子。对他这样有财力的人来说,它实在是一幢简单的房屋,主要用当时非常普通的沉重而深色的桃花心木装修。一层楼上那些主要房间之间都是拉门。

在家里,洛克菲勒轻松愉快。但是在办公室里,他很严肃,有意避免种种友情,唯恐它们毁坏行之有效的指挥。尽管公司发达和健全,但他从不放松一步。公司从一家单一公司转变成一家合并公司,后来又成为一个国际托拉斯时,约翰·戴·洛克菲勒就成为组织工业的天才。

到了1890年,随同业务顺利发展,洛克菲勒开始想到自己的退休。他已进入50岁,这是他早先替自己任意规定的合适的退休年龄。当他在标准公司继续工作两年以后,他的健康状况和壮健的体质第一次不行了。他患有相当严重的消化不良症,使他在床上躺了一段时候。

1893年他悄悄地买下了邻近纽约州塔里敦的第一批地皮,计划在那里营建退休生活的住宅。1896年他悄情地打包好他在百老汇路26号的所有物件,搬到波坎铁柯山去。没有公开宣布,百老汇路26号以外的业务同事,一个也没有通知。

在此后的所有岁月中,按照洛克菲勒家族档案室的资料,洛克菲勒仅仅签署过一个公司文件。他偶然到办公处去走动走动,毫无疑问人家在某些事情上是征求他的意见的,而且他在那里还保留一些人员料理他的私人事务和投资。但是为了一切实际的目的,他在1896年就自认为已经退休,脱离他26年以前创设的公司的日常事务,当时57岁。

不公开宣布他的退休有业务的原因。标准石油公司正处于法院和报纸日益增多的攻击之下。19世纪90年代是一个新的时代:社会动乱、人民民主主义浪潮高涨、新闻界专揭名人丑事。

约翰·戴·洛克菲勒尽管具有经商的天才,但对于新闻媒体的威力却远远认识不够。在标准公司兴旺发达期间,仇恨已经紧紧缠在他身上,令他无法摆脱。在国内人们都把他当作是资本主义的代表,大鱼吃小鱼的创始人。到了19世纪80年代中期,他的恶名更传到国外,引起国外媒体的攻击。

证明笔杆子的实力,第一次震撼标准石油公司的是1894年出版的《财富对抗公共财富》,它如同一颗炸弹,深深地震撼了洛克菲勒和他的同仁们。这本书的作者是福特·德玛雷斯特·劳埃德,他在《财富对抗公共财富》里大肆夸张,肆意歪曲,遭到四位出版商拒绝,第五次才有人接受,得到全世界的阅读和欢呼。它是揭露以所谓自由企业的名义从事社会欺骗的一本事件史。它谈到一些大企业人士贪婪财富和权力,诈骗寡妇,驱使小企业主毁灭和自杀,炸毁竞争者的工厂。

一些杂志和廉价出版物开始谣传,每有一次新的揭露,它们的销售数就上升。因而它狂风似的畅销,几乎人手一卷,更在社会上掀起了一股广泛的责难风潮。

更糟糕的是,在紧接1896年老约翰·戴·洛克菲勒退休之后的那些岁月里,正当揭露丑事之风愈刮愈烈之际,他的继任者约翰·阿奇博尔德在标准公司实施了一个竞争计划,把更多的竞争者逐出这一行业,提高国内石油的价格以弥补国外竞争的跌价损失。

所有这一切被登载在日报上,日报严厉指责这些行为时,狠狠地谴责标准公司,也谴责老约翰·戴·洛克菲勒。

在标准石油公司解散的时候,老约翰·戴·洛克菲勒已成为一个代人受过者,一位公理会牧师谴责他的一笔10万元捐款是"肮脏钱",拒不接受。

全国的评论家在报刊上争论,接受这样的钱对还是不对。当时人们相信而且大声叫嚷,他捐款只是赎自己的罪孽,他的儿子和五个孙子在往后的岁月中还将遭受同样的嫌疑。但真相是老约翰和他的儿女以及孙子辈都觉得无罪,完全不需要赎罪。

◎ 小约翰·戴·洛克菲勒

小约翰·戴·洛克菲勒是个深有谦卑感和责任感、十分严肃而又笃信宗教的人。

对庞大的洛氏家产,他认为自己不过是保管员或管家。他说自己无功无过地生在这一家,他以为自己仅仅是用这份财产替最大多数人做好事而已。

他在生活、事务和慈善方面有两位名师指点。他们是他的父亲和父亲晚年的主要助手弗雷德里克·T·盖茨。后者不但指导他如何从事慈善事业,还灵巧地处理某些老洛克菲勒石油业以外的冒险投资。

1897年刚从布朗大学毕业,小约翰就来到了百老汇路26号标准石油公司纽约市总部,他父亲的办事处工作。那时他23岁,年薪1万元,他的职位是父亲的助理。

实际上,他在盖茨的监护下工作。父亲已在三年前55岁时不再每天去办公室。他在波坎铁柯山家里工作,把注意力贯注在外部投资上。其中主要的一宗是买下明尼苏达州

梅萨比铁矿区各种各样的土地。

就当时人的眼光来看,梅萨比铁矿不啻一条鸡肋,食之无味,弃之可惜。它的矿砂质量很好,但运到匹茨堡的钢铁厂去路途又太远。小约翰参与盖茨这项投资的监督工作。不久,梅萨比铁矿的优质矿砂逐渐吸引了越来越多的人的注意,其中有钢铁大王约·皮·摩根。

摩根和老洛克菲勒性格差异很大,总是搞不到一块去。但偏偏摩根看中了小洛克菲勒与盖茨苦心经营的梅萨比铁矿。

这时候,摩根刚好买下了卡内基的大钢厂,正四处寻找能填饱肚子的铁矿砂,梅萨比铁矿是他眼中的肥肉,如果能据为己有,就能完成他成为全美钢铁巨人的梦想。

金融巨人访问石油巨人讨论梅萨比铁砂问题时,老洛克菲勒对摩根说,小洛克菲勒和盖茨负责他的投资,摩根必须见他们。

小约翰·戴·洛克菲勒,当时 27 岁,被领进神态严峻而盛气凌人的摩根的办公室。摩根起初没有注意到他进来,继续和一位同事谈话,随后在做有礼貌的介绍时,摩根向年轻而长相虚弱的小洛克菲勒瞪着眼睛大声说,"唔,你们要什么价钱?"

年轻的洛克菲勒回盯着他。"摩根先生,"他回答说,"我看一定有一些误会。我不是到这里来出售的。我的理解是您愿意买。"

接着是一阵沉默。随后摩根改变了声调，于是小洛克菲勒提议说，"如果您真有兴趣要买这些资产，找到一位能在价格上替您出主意的人，岂不更好？"

最后商定，将由福特·C·弗利克充当规定出售价格的中间人。到最后摩根还是答应了洛氏的售价：梅萨比资产作价8000万元，一半付新的"美国钢铁公司"的优先股票，一半付普通股票，另付现金850万元买运矿砂的驳船队。洛克菲勒家一举成为美国这家最大的单个公司的主要股东，它一开始的价值就在1402亿万元以上。

然而，小洛克菲勒就是没有父亲所具有的生意眼。赚钱对他来说没有迷惑力，而且因为他对大公司的内部活动知道得越来越多，竟变得越来越害怕。1902年，他辞去当时和他的家族有关系的国民城市银行的董事职务。

1910年，小洛克菲勒退出标准石油公司。同年他还辞去了美国钢铁公司的董事。

此后，小洛克菲勒在盖茨的指导下，致力于慈善事业，大笔大笔的美元被有计划地布施出去，洛克菲勒的名字也开始在公众的印象中发生变化。

在生活方面，小洛克菲勒当时决定向他爱慕已久的姑娘求婚。她叫阿比·奥尔德里奇，是普洛维顿斯最开朗、最快乐和最得人心的初入社交界的少女之一，是靠自己成为百万富翁的、美国参议院纳尔逊·奥尔德里奇参议员的女儿。

他们俩的爱情始于小洛克菲勒在普洛维顿斯的布朗大学求学时期，毕业之后又平静地继续了四年。四年后，他专程来到普

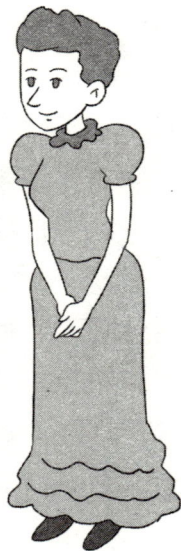

洛维顿斯求婚,阿比接受了。小洛克菲勒别提有多高兴了。

同年的 10 月份,婚礼在沃威克举行,1000 多位客人光临奥尔德里奇家在沃威克的夏季住宅。蜜月是在波坎铁柯山洛氏庄园上安安静静度过的。

年轻的小洛克菲勒夫妇住在波坎铁柯庄园的一所隔离的住宅里,但蜜月过后就和父母一起住在五马路口五十四街上的城市住宅里。

1902 年的夏天,一场大火将老洛克菲勒在波坎铁柯的温特沃斯旧居夷为平地。他买下了锯木厂河与哈得逊河之间的一片土地,预备兴建新居。

小洛克菲勒担任新居建筑的总指挥,依照父亲朴素的原则和自己朴素加完善的原则,耗时近 10 年,新房于 1913 年完工。老洛克菲勒于是迁至新居,终老于此。

从 1902 年开工到房屋最后落成,占去了洛克菲勒父子俩的许多时间。

小洛克菲勒和他的妻子阿比在基库伊特山工作期间已迁往这一新居。他们的第一个孩子阿比是 1903 年出生的,约翰·戴·洛克菲勒——约翰三世在三年之后来到人世,纳尔逊生于 1908 年,劳伦斯生于 1910 年,温斯洛普生于 1912 年,戴维生于 1915 年,比波坎铁柯山住宅的完工日期晚。

◉ 约翰三世与他的祖传衣钵

随着五兄弟年龄的增长,干什么,怎么干,哪些事先干哪些事后干,他们每个人——约翰三世、纳尔逊、劳伦斯、温斯洛普和戴维都各自萦绕在心。但是他们被那些明显的因素搞得很复杂:他们不是不知名的寻常人士,他们是洛克菲勒家族中的一员。

五兄弟能设法展望未来,预期前途,但不能肯定前途究竟如何。因此对这些问题的答案是在一致同意中逐渐演化出来的。

他们探索彼此的意见,逐渐达到谅解,知道什么事正确什么事合适,做出的决定或表决不及反复讨论每一问题的次数多。

他们同意首先要对自己和家族忠诚。但是还同意,他们中间谁也不应该独自进行可能会使其他人或家族蒙受损失的行动。

他们召开"兄弟会议",讨论如何协调他们在家族办公处的活动和需求。当然,决定不干什么比决定应当干什么容易。他们同意遵照父亲的决心避开新闻界是全家的良策,接近新闻界太容易引起争论,太容易招致指责,说洛克菲勒家在操纵舆论。他们同意不投资于任何可能惹人指责、说他们乘人之危、牟取暴利的企业。如制药业就是引起争端的一个敏感行业。

另一方面,知道自己缺乏父亲的财力,他们同意要为他们所支持的事业奋勇前进,但是要审慎,要酌情处理。一个人采取的行动,凡是可能影响其他兄弟名誉的,要首先在全体兄弟中间讨论,谁也不能把自己的个人利益置于家族利益之上。每个人有从事自己事业的自由,但是作为君子和兄弟,不干会妨碍父亲、家庭声誉或彼此的事情。

另一方面,他们同意不要求他们中的一位为另一位的利益而牺牲他自己的事业,那将对一个人在家族团结上要求过多。

作为个人,同时作为洛氏家族的一员,他们每个人将自行前进。对公众,他们将呈现一条联合阵线。没有事前取得他们每一个人的同意,谁也不会代表其他兄弟讲话,或者作为整个家族的代言人讲话。

约翰三世的外貌与小洛克菲勒并不相像。他那身材修长、举止优雅、严以律己的外表使人追忆起赫赫有名的祖父的风貌。尽管他谦卑地把脑袋歪向一边，这是他独具的一种姿态，尽管他含羞微笑，慢声轻语，他依然在别人心目中唤起他与生俱来的财富和权势的形象。

小洛克菲勒隐隐觉得，约翰三世适合于主管慈善事业。他暗替儿子做了安排，约翰三世也没有对父亲的这种做法提出任何反对意见。开始顺着父亲指点的路走下去。

到 1931 年，约翰三世已成为洛克菲勒基金会等 33 个不同的理事会和委员会的理事。事实证明他的确做得不赖，但是，他的感觉却很糟糕。

这样的日子一直持续到第二次世界大战。战争开始时，约翰三世起先是积极加入到为战争服务的各种委员会中去，像难童委员会、美国红十字会等等。1942 年，他应征入伍，加入了海军。

战前，他曾代表小洛克菲勒去日本京都参加太平洋关系学会的一次会议，从此，他对东方就显示了不同寻常的兴趣。也许是因为日本人总是那么彬彬有礼，举止得体，而且整个民族都体现了约翰三世所欣赏的温文、谦卑的品格。

战争中，他最先在海军人事局任职，后来在几次调任之后，他转到海军部副部长阿蒂默斯·盖茨的手下任远东事务特别助理。约翰三世坚持认为，亚洲和欧洲一样是美国利益的所在地，而且，将成为战后重要的战略关系平衡地区。

1951 年，一个意想不到的机会来了。约翰三世的老朋友杜勒斯接受了主持同日本签订和约的任务。他想拉约翰三世

一道去日本转一转。杜勒斯自从1935年以来就是洛克菲勒基金会的理事，1950年又被任命为理事长。在他任职期间，他与约翰三世经常因为工作关系而会面，两人之间发展起一种亲密的关系。与日本订立和约并不简简单单的是美国政府的事，民间交往也要恢复和发展，而约翰三世恰巧就是位再合适不过的民间大使了。

约翰三世很高兴地接受了这个任务，他心里暗想，这是他第一次不是为了父亲办事，不是作为一名洛克菲勒家族的学徒，而是作为一个真正的有才能的人独自承担一项任务。在多年之后，他终于找到了一个证明自己的机会。

杜勒斯向约翰三世解释说，美国并不想把日本当作一个战败国来惩罚，和约只不过是重建两国之间的友好关系的开端而已。重要的不是条约，而是两国人民之间的友好往来，互相的交流、沟通和理解，没有这些，条约只不过是白纸一张。他的使命就是充当日美两国之间文化交流的桥梁。杜勒斯答应他，将分配给他一个小班子，他们多多少少可以在美国代表团以外独立工作。

1951年，约翰三世先后三次西行日本岛国，在一连串大大小小的会议上会见了日本各界和各地的领袖1000人以上。他还组织了几个工作小组，接见100多位日本领袖，共同制订美日交流的计划。

在这基础之上，他回国后起草了一份长达88页的报告，详细阐述了他的日美文化交流计划,其中包括:两国互换大学生和教授,在美国和日本分别设立日美文化中心,并且保持高层领导人之间不断的交流。这项报告实际上完成了日后的美日交流活动的"基础设计"。

在向国务院提交报告后不久,他收到了国务院的一封信,要求他从"私人角度"为增进日美关系而继续努力,并邀请他出任日本协会的会长,他欣然赴命。

在他的努力之下,洛克菲勒基金会提供了一笔大额捐款,在日本建立了一个国际大厦。日本人、美国人以及从世界其他地区来的知识分子可以在此自由会面,互相交流,而且各国学生也能在此共同学习和生活。

日本的太阳旗在纽约广场饭店上空飘扬,却没有骚乱,没有示威活动。约翰三世为此感到非常高兴,这说明一段时期以来的努力初见成效了,日本人在美国人心中所引起的那种反感情绪正在消失。

他此后更加卖力地在美国推销日本文化。他策划了日本艺术宝藏在美国长达一年的展出,还在纽约市的现代美术馆的花园中布置了一幢原尺寸的日本房屋,开放了两个夏天。日本的音乐家歌舞使团和演员不断来到美国,每次都能得到他的支持和帮助。

与亚洲进行广泛的、日益频繁的交流的过程中,亚洲拥挤的空间、众多的人口吸引了约翰三世的注意力。在大力推进日美交流的同时,他还尽心尽力地开辟了第一个新的工作领域:为计划生育而服务。

约翰三世似乎是个天生喜欢孤独的人,他喜欢独处,喜欢单独工作,独自在办公室或在家里细看报告。他的记忆力极好,那些使他感兴趣的事他似乎永远不会忘。而且,他能够坚持不懈推敲他的观点,直到它被大家接受为止。

在处理人口问题上,约翰三世的这种坚韧不拔的劲头充分显示出来。且不说那时没有谁觉得人口是个问题,大多数的美国人都把这列入私人事务,神圣的教会组织更不允许说什么节制生育和堕胎,但约翰三世有他自己的一套办法。

在陪同杜勒斯出访日本之前,他曾于1947年自己出钱到亚洲做了一次旅行。他向这些地方提供的慈善项目有:医疗、公共卫生和粮食供应。

他在兜售这些项目的时候却发现一个意想不到的问题:在这些亚洲国家改善了医疗状况和有效实施公共卫生计划后,高死亡率就大为下降,而死亡率降低了,人口就大幅度增加,造成更多的严重问题,像劳动力过剩,粮食短缺等。

为了解决这些问题,约翰三世绞尽脑汁,最后,他得出了一个自己过去连想都未敢想的一个结论,那就是:有计划地控制人口。

1947年10月,约翰三世回到美国。他先是跟妻子谈了一点自己的想法,妻子觉得他的这个想法很可怕。但是这个主意却在他的脑子里生了根。

他先去找了洛克菲勒基金会的理事长和一些主要的行政人员。在同他们一起举行的会议上,他试探性地提出了自己的看法。然后,他询问这些富有经验的长者,如果由基金会主持一项节制人口的工作是否合适。

几乎所有的人都摇头反对。他们列出的原因有一箩筐，什么政治上的牵扯啦、计划生育在一些天主教国家会遇到障碍啦，他们在这一领域所知太少啦，资金不足啦，等等。

小洛克菲勒让约翰三世接管慈善事业以来，就很少过问儿子的事务。但这时，他把儿子找来。约翰三世向父亲解释了自己的想法。

约翰三世站起来，走到父亲面前，对他郑重其事地讲道："我认为洛克菲勒基金会有义务承担起这项工作，这是对全世界的人都有好处的一件事。"

小洛克菲勒说："这些话很有道理，也很让人感兴趣。我叫你来不是想告诉你，你应该做什么，不应该做什么。我只是提醒你，现在让基金会腾出手来做这些还不是时候，我们现在连增加卫生服务和供应粮食还忙不过来呢。你说亚洲人应该少生孩子，可是你问他们现在最需要什么，他们会立刻回答：'吃的和药品'。约翰，我只是告诉你，你会遇到许多麻烦的。"

约翰三世低头不语，临别时，他简简单单地说了一句："我知道应该怎么做了，爸爸。"

约翰三世得找一些事实来支持他的建议。他跑到普林斯顿大学，找到了人口研究室的主任——诺特斯坦因。

随后，约翰三世立刻着手安排以诺特斯坦因博士为核心的四人小组的远东之行。他们出发后约翰三世就在国内广泛地征询各界对人口控制的意见。

诺特斯坦因博士的研究小组给他带来了满意的结果。他们给了约翰三世一份长达 125 页的报告。报告内容广博，但实质上，核心的一句话是："在远东所有的卫生和社会问题中，减少人口繁殖问题是最困难的，而又是最重要的。"

他继续朝这个方向不懈努力。但再次遇到的困难不是基金会外部的，而是基金会自身。巴尔福博士和阿伦·格雷格博士向基金会提出了一个研究锡兰的人口统计和人类生态的建议。

委托人会议出于对这两位德高望重的专家的尊重，准备讨论他们的建议。建议很温和，没有提到节制生育，但即使这样，仍然触怒了杜勒斯（他当时是基金会的主席）。杜勒斯强烈地争辩说，基金会绝对无权插手另一国人民的宗教和社会习惯。

布兰奇特那段日子天天看报纸，她对丈夫说："你可捅了马蜂窝了，约翰。"

"亲爱的，那都是一些老人了，他们难免不容易接受新事物，但是，我并不会因为他们而放弃我的主张，愿上帝保佑我。"

约翰三世恳请基金会的受托人之一、洛克菲勒医学研究所所长德特列夫·W·布朗克博士主持一次会议，会议的主题就是"讨论在人口增长对人类福利的影响这一问题上能搜集到的事实和互相冲突的观点"。布朗克是位开明的长者，也是国内最杰出的科学家之一。他应允了约翰三世的请求。

1952 年 6 月，布朗克博士以国家科学院的名义举办了一次会议，参加会议的有 30 多名院士，和医学、物理、公共卫生、人口统计等方面的杰出人才。会议得出了一个决议：需要有一个"具有高水平的职业专长和受公众尊重"的非官方组织来协调人口问题的研究。

几经周折,坚韧的约翰三世终于得到了科学界的授权书,这是他同那些反对意见作战的最为有力的武器。

他组建了一个独立于洛克菲勒基金会的人口问题协商会。

这是一次无人喝彩的行动。小洛克菲勒在这个问题上依然保持中立,而且他还经常叮嘱儿子要小心。约翰三世同兄弟们有一个约定,凡是会影响洛克菲勒全家族荣誉的活动,要互相协商。为此他把兄弟们请到纽约的尼克博克俱乐部参加早餐会。

战争结束后,洛克菲勒兄弟们重新回到家族的圈子中,并开始分工合作。纳尔逊分到的任务是负责洛克菲勒中心,约翰三世负责基金会,劳伦斯接管了一些资源保护区的投资工作,温斯洛普参与了"城市联盟"和"威廉斯堡殖民区"事务,戴维参加了"医学研究院"。洛氏五兄弟应该算得上是团结友爱的模范了,他们互相彬彬有礼,从没有发生正面的冲突。

这天早晨是五兄弟的大聚会。约翰三世早早赶到俱乐部,恭候兄弟们的光临。兄弟之中,又是纳尔逊表现突出。他说的笑话不时引得大家哄堂大笑。

约翰三世把自己的决定告诉了他们。他说:"我组织了人口协商会,关于它外面可能有些说法,这个你们都知道,我也不想多说了。但是,我相信这是一件事关重大的事业,我不想因为有几句闲话就放弃它。我要对你们说的就是这些。"

几个兄弟都很赞同他的想法,他们很高兴约翰三世终于干起了自己的冒险事业,并希望他能做好这一切。

人口协商会迅速运转开来。1954年,它接到了印度政府请求帮助的呼吁。1955年,以诺特斯坦因为首的工作小组开赴新德里,他们的任务是建立可行的计划生育规划。

20世纪60年代初,人口协商会的顾问已经帮助韩国、突尼斯、土耳其、中国台湾、中国香港、菲律宾、智利、阿拉伯联合酋长国等国家和地区做了类似的工作。

没有人再嘲笑约翰三世的"荒谬主张"了,1959年,一个以退休将军威廉·德雷珀为首的第一流的小组委员会在它提交的美军军备报告中指出,除非考虑到人口问题并制订相应的计划,否则美国对不发达国家的长期经济援助将会失败。外交委员会的成员对此大为吃惊。

结果,到1963年,人口问题不仅成为美国外交政策活动的一个组成部分,而且甚为重视,协商会的全部费用最后都由福特基金会、洛克菲勒基金会以及美国政府承担下来。

1965年6月,约翰逊总统站在联合国大会的会场上,对着全世界发出呼吁:"让我们所有各国的人——包括我国在内,直率地面对我们成倍增加的人口造成的问题,寻求对这个向世界挑战的问题的答案吧!"1970年春,他设立了人口、经济发展和美国未来委员会,约翰三世当然成了主席。

面对着所有这些成就,约翰三世只是谦逊地说:"我只是把那些能干的、具有远见的人组织到了一起,是他们推动了这一事业的发展。"

他总是这样谦逊,不愿引起人们的注意。他不喜欢做讲演,甚至在照相的时候,也总是选择不引人注目的后排位置。他的婚姻美满,妻子布兰奇特和四个孩子都爱他并支持他,让他备感欣慰。

一个很偶然的机会，他开始了创建林肯艺术表演中心的工作。

1955 年 9 月，约翰三世在波科诺山参加对外关系协会的一次会议。在休会期间，他遇见了大都会歌剧协会的理事、著名的律师查尔斯·M·斯波福德。他不像一般的律师那样，带着一股替法律说话的不可一世的劲头，而是彬彬有礼，虚怀若谷，这很对约翰三世的路子。两人很投机，经常在一起喝喝咖啡什么的。

一天，斯波福德问约翰三世想不想做件事，这是一件绝对能为美国公众谋利益的大事。约翰三世忙追问究竟。

"是这样的，"斯波福德解释道，"现在大都会歌剧协会接到通知，它得为自己找个新地方，现在的剧场不能再接着租给我们了。纽约交响乐团不久也得从卡内基会堂搬出来。瞧，过不了多久，纽约人就没有地方去听音乐了。为了这事，我们这些理事想了些主意，也找了一些像您这样热爱音乐、而且醉心于公益事业的好公民寻求帮助。我们计划把这两个机构并在一处，为它盖个像样的家。地址也选好了，就在林肯广场边上的一大块空地。不知道您是不是对这件事感兴趣？"

他说完，热切地望着约翰三世。不消说，这计划正好能满足约翰三世为家乡献力的愿望。可是他嘴上还是说："别催我，你让我好好想想。"

他很快就给了斯波福德一个答复，着手这项工作的调查研究,关于林肯艺术表演中心的想法是慢慢形成的。最初,他发现不仅大都会和交响乐团需要新根据地,连纽约市芭蕾舞团也需要一个像样的新家。

纽约还需要一个换演剧场,定期轮演古典剧和一些新剧作家的非商业性戏剧。那么为什么不把这些"表演艺术"团体结成一个联合机构呢?而且,它里面还应该包括一些教育机构,让那些优秀的新人能因参加专业演出而获益。

但是约翰三世因为受到的失败打击次数太多,变得有些谨小慎微。他拐弯抹角地在这个问题上做了好几个月文章,才向林肯艺术表演中心筹备委员会提出自己的主张。

1960 年,林肯中心大厦破土动工,约翰三世任该中心的董事长,由于工程规模扩大,建筑成本由原来估计的 7500 万美元激增到了 1.85 亿美元。约翰三世担起了筹措这笔经费的担子。洛克菲勒家族本身承担了大部分的不足款项。

林肯中心的胜利竣工是约翰三世事业发展上的重要一步。

在 1940 年美国参加第二次世界大战之前的时候,洛克菲勒兄弟成立了洛克菲勒兄弟基金会来处理他们私人的慈善事业。战争中断了这一基金会的活动。但在 1946 年,当五兄弟从战场上回到洛克菲勒中心的办公室的时候,基金会又开始运转起来。

五兄弟中各人志向不同。纳尔逊热衷于政治,劳伦斯是个精

明的投资者,戴维投身于银行事务,温斯洛普在纽约没有找到自己的位置就去了南方,只有约翰三世专心以慈善为业。这样洛克菲勒基金会的工作就很难令约翰三世满意。他捐出了大笔的钱,但是除了他自己,没人在乎这些钱都派上了什么用场。

约翰三世决心要创办他自己的私人基金会。在1963年,他如愿以偿。约翰·洛克菲勒基金会以崭新的面貌出现在世人面前,他将以此为基地,组织他自己的慈善活动。与此同时,他同纳尔逊、劳伦斯、戴维也有些疏远起来。

约翰三世的人口计划已经不再受到美国人的批判了,但是,在国际上,许多的国家并没有认识到这一问题的严重性,虽然约翰逊总统把人口问题作为对外关系的一个重要内容,但这不能满足约翰三世的要求。他还要为人口问题获得全世界的公认而努力。

他向纽约的工商业人士呼吁,但几乎没有人做出热烈的反应。这些失败没有使他灰心,因为他总把眼睛盯在未来。

几个月后,他开始向全世界的政府首脑发送一份由他执笔的关于人口增长的政策宣言,它要求各国首脑明确表示要做出长期计划,控制人口的过度增长。

结果出乎意外,这份宣言发出几周之内,就得到了12位国家元首的支持。当时的联合国秘书长吴丹也表示赞同。此后一年,包括约翰逊总统在内的18位国家元首在宣言上签了字。

1967年12月11日,约翰三世高兴地收到了印尼总统苏哈托签署的宣言。几年前,当约翰三世向印尼前总统苏加诺提出关于计划生育的想法时,苏加诺背后把他的话称为"帝国主义的狗屁"。

就在约翰三世的事业不断取得进展之时,一些新的问题又缠住了他和他的家族。洛克菲勒家族的财富,他们的权势,总会引起人们对它的猜疑、嫉妒和愤恨。小洛克菲勒叮嘱儿子们要小心谨慎,要韬光养晦,这样才能保持洛克菲勒家族不引起外界的反感,但这太难了。

20 世纪 60 年代中期以后,"洛克菲勒"这个名字再次成了邪恶的代名词。

1970 年,约翰三世捐赠给马萨诸塞州汉普顿学院的学生 2.5 万美元,作为实施地方环境计划的经费。但当他赠款的消息以及他即将到汉普顿对全体学生演讲的消息一传出,立即引起了一场风波。学生们争论是否应该接受这笔钱。

约翰三世到达时,迎接他的有一个由学生组成的示威队伍,其中有五个学生打扮得奇形怪状,其中一人戴着石油井架帽盔,借以讽刺约翰三世和他的四个兄弟。

约翰三世发现,新的一代同自己差距是越来越大了,年轻人怀疑一切,他自己青年时的那些信条,都被他们称作为"老一套"。为此,他觉得必须得做点什么。他建议洛克菲勒基金会把这方面的工作列为一个研究项目。为此他还在自己的基金会,设置了一个青年特别工作组。

依靠这些组织还并不是他唯一的想法,他首先希望知道,这些人在想什么。他跟学生们单独见面,态度谦和地问他们问题,并耐心倾听他们的解答,他被这些青年人迷住了。他们并不是像一般人们所说的,是"颓废的一代",而是有着高尚的理想的青年。

他甚至跑去看轰动一时的裸体舞《头发》,学会一些《宝瓶座时代》的唱腔,还收听一些摇摆舞曲和抗议民谣,切身体验青年们的生活。

他还出资在大学里设置基金会,资助一些针对青年的研究项目。而且,他为了使青年们明白他们批判的利益集团、权势集团到底是怎么一回事,就在全美的一些城市举行青年和幕后统治集团的对话。约翰三世不同意所谓的“代沟”的说法,他认为两代人之间只是不了解罢了。他认为自己有义务为沟通两代人尽一份力。

为此,他写成了《第二次美国革命》这本小册子,这本书不是纯教条的说教,而是他一生各时期经历的综合与总结。他为人们描述了一个综合体,它把“今天我们所想到的美国革命和工业革命的价值结合在一起,也把人道主义和唯物主义的道德标准结合在一起”。

这本书写成于 1971 年,此时约翰三世已经 67 岁。他把这本书的写作过程称为“我曾经承担过的最艰苦的工作之一”。书的出版并没有引起公众的兴趣。

然而,约翰三世似乎预见到了人们的冷漠,他在书中清楚明白地写道:“我的论点是,我们不应该在各种问题面前感到手足无措,我们要

坚信这些是可以解决的。我们之所以有信心,其根据是美国人普遍对国家前途怀着责任感。"

约翰三世怀着这种责任感劳碌了一生。如今,他已白发苍苍。想当初他迈进办公室的门槛时还带着几分不情愿,然而,现在他好像走不出这门槛了,这里已成了他生活的一部分。

他的 70 岁诞辰于 1976 年 3 月流逝时,他没有把年龄放在心上,在家里举行一次家庭小宴会就够了。那天他还在工作。当办公处的工作例会变成出乎意料的庆贺他 70 岁诞辰的集会时,他真正感到诧异和感动。这是一个咖啡伴蛋糕的餐点,在蛋糕上写着他心爱的那句话:"这是一个激励人活着的时代。"

他本人的满足来自他所干的工作、他信奉的事业、他赢得的战斗、他帮助造就美国生活方式的改变,确信他在挑战性的时代所过的生活是有益于人类的。他为大于他本人和大于他的自身利益的一些事业而工作,是全然真诚地献身的。

第二章

"钢铁大王"卡内基

◉ 少年卡内基

1835 年 11 月 25 日,被人们后来称为钢铁大王的安德鲁·卡内基出生在苏格兰的邓弗姆林。

孩提时,卡内基时常随着教历史的叔叔拉文达到处参观名胜古迹。他对从库尔德人的移居、到与英格兰的敌对关系,以及国君治理等历史都如数家珍。他所具备的历史知识已远超过与他同龄的孩子。

他常听叔父讲故事。他对玛丽女王在城中被英格兰女王伊丽莎白捕获时的故事听得入了迷。尤其着迷骑士华莱士揭竿而起的故事,当他听到华莱士被处极刑时,竟然泪流满面。

邓弗姆林的北方盛产煤矿,南方一带则为农场。农场出产马

铃薯、燕麦及少量的小麦。父亲威尔经营纺织厂,专门织丝绸及亚麻以及苏格兰格子布,远销世界各地。

母亲玛琪以缝鞋为副业,工作场所设在家中的二楼。每当母亲工作忙碌时,卡内基总在一旁帮忙穿针引线,还在吃奶的弟弟汤姆则在摇篮里香甜地睡着。

卡内基每天一大早就起床。由于没有自来水,一切用水都是在附近仅有的一口井排队打来的。每天,卡内基都要用大木桶来回挑几次水,而后才吃早饭、上学。父亲并不是一个单纯的纺织业者,同时也是一个读书爱好者。包括叔父在内,父亲等5位好友还合办了一个读者会,大家时常聚在一块朗诵、读书。

尽管全家人辛勤劳作,但日子还是很艰苦。1848年4月,在刚毅的母亲的坚持下,毅然卖掉了家产,举家移居美国。

匹兹堡位于由西北部流入的俄亥俄河与由东北部流来的阿勒格尼河的汇合点,还有另一条莫诺加拉河交叉而过。

卡内基一家到达时,匹兹堡刚进入产业生长期。他们一家暂时住在阿勒格尼城拉比卡街的舅舅霍甘家。舅父霍甘,是一个爱唠叨的男人,在阿勒格尼经营一家小型杂货店,对卡内基一家人十分照顾。

卡内基一家,就暂住在舅舅租的二楼上。

刚搬进去,父亲又操起了老本行,织起布来。父亲所织的布,以餐巾及桌布为主。然而,困扰父亲的是,他找不到购买这些产品的批发商。

迫于生计,父亲不得不将这些手织的餐巾、桌布类装入大布袋,背着挨家挨户去兜售。卡内基一家生活很清苦,父亲赚的钱远不够一家糊口的,母亲一开始就意识到这点,便以缝鞋为副业,她经常缝到三更半夜。

"不要再让卡内基闲着没事干,叫他去码头卖点东西吧!"一天晚上,霍甘舅舅对母亲说道。舅舅重复了两三次,母亲仍一声不吭地继续做她的事。

"据说在码头兜售东西,生意挺不错!弄个篮子,卖些杂七杂八的小玩意。"

母亲听了哀凄地站了起来。她泪如雨下,不停地啜泣着。她紧紧地搂住她的两个儿子说:"不要听那糊涂舅舅的话。叫卡内基去码头和那些粗人一块儿当小贩?你要知道,男人的事业有多重要。干那种贩夫走卒的下贱工作,不如死掉算了!"

母亲说完话,整个人都僵住了,还不停地颤抖着。后来,卡内基还一直记得母亲在听到霍甘舅舅建议时那强烈的反应。

附近的一些男孩们总爱嘲笑卡内基,因为他体格稍嫌矮小,眉宇之间比别人宽,看起来有点愚蠢,说起话来带着浓厚的苏格兰腔。

但卡内基的苏格兰口音在与朋友的频繁交往之后,很快消失了。这些朋友是邻近的苏格兰移民中的年轻人,种族意识与团结心都特别强烈,终于结成了"死党"。他的一大群朋友中,有一个人的父亲经营纺织工厂,是老苏格兰移民。于是卡内基父子一同受雇到了这家工厂。卡内基最早的薪水是每周 1.12 元。

卡内基耐着性子,在暗室般的狭窄锅炉室中努力工作,后来薪水加到 2 元一周,而父亲因讨厌机器,受雇后不久就辞去工作,又开始在家做手工纺织。

有一次,雇主发现卡内基在记载一笔开支账。

"嗯,挺好的,愿不愿帮我记账?"

雇主停顿了一会儿,又补充道:"管账的人辞职了,我又不擅长记账。"

卡内基一时兴奋得很,能逃离以前那繁重的体力劳动,真是一大乐事。雇主对卡内基所记的账,打心眼里感到满意。

一次,他的一个叫约翰·斐浦斯的挺聪明的朋友,告诉卡内基:"你现在做的账,只是简单的收支的单式簿记。当然,小商店有这种就足够了,可是匹兹堡的公司,现在都是采用借贷与损益可一目了然的复式簿记。"

夜里,大伙儿在斐浦斯家里聊了起来。斐浦斯说:"我认识一位教复式会计的教师,我们可以利用晚上去上课,学费还挺便宜。"

就这样,约翰·斐浦斯、汤姆·米勒及另一位朋友威廉·泰莱,加上卡内基 4 人,晚上开始学习复式记账,每周上 3 次课。

这群孜孜不倦的孩子,在未来建立卡内基钢铁王国上,展开某种形式的合作。学习复式记账,不仅是卡内基,同时也是这几个十三、四岁孩子们一生的转折点。

不久,舅舅告诉卡内基,他朋友大卫·布鲁克斯先生的电报公司,需要一位送电报的信差。

第二天一大早,卡内基穿着崭新的衣服及皮鞋,前往匹兹堡应试。大卫先生问他对匹兹堡熟悉与否。卡内基坚定地说:"不熟,但一个星期内,我可以记熟,我会使劲强记。我个子虽小,但比别人跑得快。这一点请你相信。"

大卫的电报公司只能接收从东部拍来的电报,与之竞争的另一家公司,可接收从东部及西部拍来的电报。

匹兹堡当时就这两家电报公司。大卫叮嘱他要加点油,以后也要收西部接来的电报,周薪是2.5元。那年,卡内基14岁。

在一星期内,卡内基实现了自己面试时许下的诺言,熟悉了匹兹堡的大街小巷。两星期后,卡内基连郊区也了如指掌了。

"这苏格兰小个子挺勤快的嘛!"

卡内基体格虽小,但跑得很勤,在公司里颇获好评。

受到大家的一致肯定,卡内基开始推荐他那一伙朋友。罗伯·皮卡恩是卡内基在电报公司第一年推荐的朋友,后来成了宾夕法尼亚州铁路公司副董事长。

大卫·麦考尔后来成为阿勒格尼河谷铁路公司董事长,这时也受卡内基推荐。后来出任明尼苏达铁矿矿山公司董事长的福特·奥立利,及后来任匹兹堡市法院首席检察官的威尔·摩兰均受到推荐。

在进入电报公司一年之后,卡内基已成为管理信差的监督者,意思是教会的司祭长或大学的院长,这意味着卡内基在信差中的突出地位。若投递到责任区,可索取1角钱的小费,电报童常为这1角钱外快,争相抢这份差事,引起冲突。从卡内基当监督起,纠纷就消失了,因为卡内基规定:"小费全部放在箱内,到月底大家再平分。"

每天早晨,卡内基都提前 1 个钟头到达公司打扫。打扫完之后,他悄悄地跑到电报房操作电报机,这个稍纵即逝的秘密学习机会成了卡内基极其珍惜的快事。对此,他不以为苦,有的只是无比的兴奋。

市中心古老的匹兹堡戏院内,一到晚上,就公演莎士比亚的戏剧。电报童均享有戏院给予的免费看戏的特权。

自此,莎士比亚强烈地吸引着卡内基,他极想看书,只是没钱买。舅舅告诉他上校詹姆士·安德森的私人图书馆有很多书。于是,卡内基立刻前往上校的家。

上校家有 1800 册藏书,在当时而言是相当丰富了。退役的上校亲切告诉好学的卡内基:"借给你看一个星期,一个星期后拿回来时,若没有弄脏,可再换借一本。"

不久,好学的少年纷纷前去上校那儿借书。

上校眼看借书的人日渐增多,决计办个图书馆,他到纽约添购了各种书籍,购足后,又扩大自己的书斋,成立了一个真正的图书馆——机械·初学者图书馆。

后来他又向政府商议借一间房子,将图书馆搬到那间房子里去。

"本馆仅供初学者免费借阅,其余须缴年费 2 元。"

借用市政府房子的事一经提出,官方势力跟着介入,于是颁布了这条新规则。

"我是电报信差,但还在学习,那也要缴年费?"

卡内基前往图书馆抗议。

卡内基愤懑不平地向《匹兹堡快报》投书:"市政府违反慷慨的图书捐赠者安德森上校的本意,设下如此限制,无疑剥夺了无力缴纳 2 元年费者的权利。"于是,市政当局与卡内基之间,交相投书指责。

终于,《匹兹堡快报》刊登了一篇社论,支持卡内基,显而易见,这场争执,卡内基获得了胜利。卡内基在跑腿之余,读了普鲁塔克的《英雄传》,更迷上麦考利与曾雷斯科特的历史著作。虽然卡内基从早到晚马不停蹄地投兼容电报,但仍与大伙互相勉励,经常往图书馆跑。

卡内基在读遍历史书籍之后,又悄悄地从图书馆借阅有关钢与煤的有关专门书籍,这件事没人知道,也许是卡内基不想过早地暴露他那刚刚具有雏形的远大抱负。

一天,总经理问卡内基:"愿不愿意去格林斯堡工作几天?"格林斯堡位于约翰斯敦与匹兹堡之间。距匹兹堡东大约 48 公里远的乡下电信局,有位报务员临时请假有事,几天后回来,要求总部派人暂时代理他的职务。

于是,卡内基搭驿车出发了,途中,看见数以万计的工人,在开山埋沟,进行铁路铺设工程。这大概是宾夕法尼亚铁路的工程。

格林斯基旅馆是一栋木造的两层建筑,电报公司的分公司,就设在旅馆中。

打开事务所的门,卡内基被带到一个身材魁梧的男子跟前。这位临时要请假的报务员,相当傲慢。卡内基进入电报房,在机前正襟危坐,一听到收报音,就有板有眼地干起活儿来:在电报用纸上,写起电文。报务员在一边看得目瞪口呆。

卡内基在格林斯堡圆满完成代理报务员任务,回到匹兹堡后,开始思考起新闻电稿的统一问题。

当卡内基16岁时,生活就以其固有的严峻考验了他。俄亥俄河堤防决堤,使得河畔一个叫斯拖本维尔的城市电报线全部摧毁。并且与哥伦布、辛辛那提以及路易斯维尔等中西部重要城市的联络干线全部中断!

这对卡内基或是对他所在的电报公司来说,无疑是一个沉重的打击。

但当接到"连夜赶往斯拖本维尔"的命令时,卡内基早已考虑周全,并且做好前去冒险的准备。事先他已经预料到人手可能不够,于是就带了他那群"死党"一同往该市赶去。

当时,由于只能接收到从东部拍来的电报,却无法拍往西部,所以卡内基每隔一个小时就必须请伙伴送电报到下游的惠灵镇:利用顺俄亥俄河而下的莱茵船只送电报,当然是一个变通的好办法。

卡内基在考验中获得了成功。并且因为对该事处理得当,他受到了加薪的奖励。这年11月,卡内基刚满17岁。不久,匹兹堡与费城之间的铁路终于通车了!

"听说宾夕法尼亚铁路要在匹兹堡设立西部管理局。到时候,电报的收发量,不知道要增加几十倍呢!"

"汤姆·斯考特先生将受命为西部管理局局长。"

人们纷纷传说着。

果然,第二天早上,斯考特先生——传说中的主角乘着马车前来拜访电报公司了。

卡内基的眼睛睁得大大的,直瞪瞪地看着这辆漆黑亮丽的康尼斯拖格马车。因为若用现在的话来说,它简直就是凯迪拉克。这时,因为还没到上班时间,拿着扫帚的卡内基只好一个人出来迎接这位不速之客。

"我是即将接管宾夕法尼亚铁路的汤姆,您呢?"

"我叫安德鲁·卡内基,您是汤姆·斯考特先生?"

"不用那么客气,以后每天早上我都会来这儿。"他微笑着说。

"是……汤姆·斯考特先生。"对他的名字,卡内基却总叫不出口。

斯考特先生英姿焕发,温文尔雅,对人也十分客气。"安德鲁,能不能帮我赶快把这15封电报拍发出去?"

卡内基立即拍发了这15封电报。"谢谢!安德鲁,我还会再麻烦你的!"斯考特先生再三道谢后离去。但到了中午的时候,他又拿着相同的电文,请求拍发,并特别指名:"请安德鲁拍发!"

刚刚上任不久后,斯考特先生就做了大刀阔斧的改革。首先他把运费做了大大的调整和降低,也正因为如此,他在刚刚上任之时就受到了多方的责难和非议。匹兹堡的很多人对斯考特先生,以及宾夕法尼亚铁路董事长艾佳·汤姆逊,抱有强烈的仇视和敌意。内心充满了恨意,一度把他们贬得一文不值,接着就有传言说:"斯考特以重金向州政府及联邦政府贿赂,买下铁路独占权。"斯考特也因此被人称为"章鱼"!

"将巴尔的摩至俄亥俄的铁路排挤掉的,就是那个叫斯考特的年轻人策划的!"

卡内基对制造谣言和恶意中伤这种事毫无兴趣,他认为这些人对每天跑好几趟电报公司,卖力做事的斯考特先生的严厉指责,是一种不实的言论并且毫无根据。相反,斯考特先生的气质深深地吸引着年轻的卡内基。

一天早上,斯考特先生和往常一样来到电报公司,和前来事务所视察的电报公司董事长欧莱里会谈。他们谈话内容恰好被卡内基无意中听到。在乘客数量直线上升时,他们想在阿勒格尼余坡地带的换路的山麓下单轨线路终点与匹兹堡的管理公司之间,驾设专用的直通电报线。

卡内基决定辞去电报公司的职务,而电报公司极力挽留他,愿把月薪出到 33 元,但斯考特却愿意给 35 元。

于是,卡内基就在铁路管理局的斯考特事务所工作,在这里,不仅新设的电报收发装置全属于他所有,斯考特先生还授权给他监督公司内的会计。以前学的复式会计派上用场了,前途一片光明!

卡内基开始了新的工作,可他并没有忘记过去那群曾为他效力的"死党"。他从那伙被引进电报公司的"死党"中,又将精干的罗伯·马卡恩和大卫·麦考尔拉到铁路公司。

卡内基的工作,就是每逢月底把员工的薪水送到阿尔图那。

起初他还觉得乘客车往返颇为新鲜和刺激,但时间一长,这样的工作就变得索然无味了。于是卡内基不得不请求乘火车,这成为他每个月底不可少的娱乐。

一次,他请司机教他驾驶火车,并帮助伙夫烧锅炉。同车人对这位年轻人的举止感到惊奇和有趣,在爬上阿勒格尼斜坡的山腰,登上山顶时,他突然大声叫道:"啊! 糟了! 薪水包掉了!"

"拜托,拜托,请开车下山去。"卡内基近乎哀求地向司机说道。一股寒气直冲他的心头——薪水包丢了会被杀头的呀! 司机禁不住他再三恳求,只好把车倒回,开下山去。一路上,卡内基眼睛睁得比铜铃还大。终于在斜坡道路的小溪中发现了薪水包,当时他从行驶中的火车上"扑通"一声飞身跳入河中……

不久,卡内基的父亲威尔突然病倒了。

父亲在 1855 年 10 月去世。临终时就是穿着自己手织的衣服,享年 50 岁。

自从父亲去世后,卡内基的那群"死党"频频在他家里聚会。这些人中有和父亲经营鞋店的约翰·斐浦斯,有外号"红脸"的汤姆·米勒,以及威廉·泰莱和大卫·麦考尔……当时他们每天晚上讨论的热门话题是奴隶制的废除。年轻人的激烈的言辞常常使母亲深感不安。可是她无论如何不会怀疑儿子的正确。

⊛ 年轻的小资本家

一天,斯考特先生问卡内基,能不能筹集到 500 元。卡内基不敢相信自己的耳朵,自动给他减去一位数字,因为事实上,他全部的积蓄不过 50 元。斯考特先生冷静地回答他是 500 元。

　　卡内基表示为难,但并没有露出一丝难色。由于支付亡父医药葬费,家里的钱几乎花光了;并且,他们每年还要付房款费给舅舅。对于卡内基他困难的家庭来说,负担是十分沉重的。但这栋房子的总价恰好是 500 元。

　　"我的一位朋友过世后,他太太将遗产的股份,自愿给了友人的女儿。现在这位女子急需用钱,想出让股份,是亚当斯快运公司的 10 股股票,恰好 500 元。红利一股 1 元……非常稳定的股票,很快就会涨价。我想你应该买的。"斯考特先生平静地说。

　　卡内基表示怀疑。后来,在斯考特的极力鼓吹及母亲愿代为筹集之下,卡内基做了生平第一次大投资。母亲听到儿子的计划之后,第二天一早就动身前往俄亥俄州的东利物浦,拜访了经营庞大不动产兼投资副业的胞兄,将住宅做抵押,借了 500 元回来。

　　但第二天,斯考特先生的从容劲儿消失了,沮丧地问道:"对不起,人家非 600 元不卖,还要吗?"

　　"要,我还是要买下来,先代我付 600 元。"

　　半年内,卡内基母子省吃俭用,终于还掉了 200 元债款,剩下的 400 元却再也无力偿还了。

　　不久,一封上面工整地写着"安德鲁·卡内基先生"的信寄到卡内基手中,信封里装有 10 元红利的支票。卡内基毫不犹豫地把它还给斯考特先生作为利息。那一段时间,他沉浸在"我也是资本家"的成就感之中,这着实让他高兴了好一阵子。

　　那年秋天,斯考特先生高升了,做了阿尔图那事业总部部长。这就意味着进入直属董事长的中枢部门内,地位大为高升。他决定带卡内基去做总部秘书,月薪加到 55 元。

卡内基兴奋不已，但他抑制住了这种感情，故作镇静，深深地给斯考特先生鞠了一躬。

卡内基只身前往阿尔图那，住在离上班地点不远的一家旅馆。而刚刚丧妻的斯考特先生，将两儿女托付给侄女和女佣，留在阿勒格尼的家里，只身赴任，并且与卡内基同住一家旅馆，自此以后，二人的友谊更加深了。

卡内基在阿尔图那最早从事的工作，主要是对劳工的罢工采取对策。

一次，卡内基前往俄亥俄州的克雷斯特林镇旅行，顺便去看望了在当地火车站工作，绰号叫"红脸"的汤姆·米勒。当他到达的时候，汤姆接到了讣电。……约翰死了。

约翰是在阿勒格尼的家附近坠马而死的。卡内基大为震惊，但这噩耗是千真万确的。

卡内基急急忙忙赶回去参加约翰的葬礼，到克雷斯特林火车站的月台时，有一个男子走向他说："您是卡内基先生吗？我叫伍德拉夫。"他向卡内基推销发明的产品。他从小袋中取出一辆模型车。他预言，以后铁路将迈入长途时代。可供旅客夜间旅行之用的卧铺车，非常方便。

几天之后，斯考特先生就派人拍电报请伍德拉夫到阿尔图那事业总部办公室。斯考特一看到卧铺车的模型，就被这种巧妙的构思所吸引，立即成交。

走出办公室的伍德拉夫,向卡内基耳语道:"卡内基先生,有没有意思合伙做这笔生意?"他告诉卡内基,他打算开一家卧铺车厢制造公司,要卡内基出 1/8 的资金,如果有困难,第一次只要他先付 217 元 5 角。这分明是贿赂的交易。

卡内基却很想投资,何况又是可赚钱的行业。于是他更详细地询问投资额,以作参考。他心里有股冲动,可能的话,就试试看。

卡内基抱着试试看的心理,他走访匹兹堡的银行,申贷第一次必须缴纳的 200 多元钱。虽是无担保的申贷,但在教会里所认识的银行家洛伊德说:"那倒是值得投资的事业,我愿意借你,将来要是赚了大钱,要存入我的银行啊!"卡内基慨然答应。

不久,订单源源不断地涌来。因此,卡内基的 200 多元的投资,一年之间,赢利不下 5000 元。

1859 年秋天,斯考特先生晋升为宾夕法尼亚铁路的副董事长,两年后爆发南北战争,卡内基再过数日就 24 岁。此时,斯考特已向汤姆逊董事长推荐他为匹兹堡管理局长。并说要扩大匹兹堡管理局的职能,宾夕法尼亚地区将进入这一地区的管辖之下。卡内基立即赞成。他的月薪升到 1500 元。

卡内基赶快回家向母亲报告了这个好消息。汤姆年方16 岁。卡内基一回到家,就跟弟弟说要他当秘书。同时建议母亲把现有的住房卖掉,搬到安静的地方去住。

　　斯考特的侄女建议搬到她居住的霍姆坞德镇住。她一直照顾着斯考特的子女。她说正好她家隔壁有房子要卖。附近只有几户人家,是高级住宅区,邻居都是优秀的知识分子。

　　卡耐基与以后制铁的伙伴斯都瓦及到国外旅行一起同行的邦迪波特都是邻居。好学的汤姆·米勒也搬到了附近,这尤其使卡内基感到无比的高兴。汤姆·米勒辞去铁路工作,服务于匹兹堡的车轴工厂。

　　住在这附近的另一个显耀的家族则是创立匹兹堡铁工厂的威廉·柯尔曼家族。这位富有的柯尔曼先生引以为骄傲的是,他有5个才貌双全,正值妙龄的女儿。汤姆·米勒及卡内基的弟弟汤姆,分别娶了柯尔曼的女儿为妻,因此,卡内基、柯尔曼及米勒三家遂结为姻亲。

　　不久,卡内基和柯尔曼开始投资石油,他们出资4万元买下了一个叫斯陶利的农场。一年以后,卡内基分到100万元的现金红利。3年后,达到了500万元。

　　当然,这次用4万元买下的斯陶利农场,创设哥伦比亚石油公司的人,除了现金投入者柯尔曼外,还有卡内基、邦迪波特及米勒等霍姆坞德镇的4人,19岁的汤姆·卡内基也持有股份,当然,股票是哥哥给的。

◉ "钢铁大王"

　　1861年,美国南北战争爆发了。南军频频攻击宾夕法尼亚铁路,木质桥梁被烧毁的事件层出不穷。当卡内基修理被烧毁的莫诺加黑拉河的桥梁时,他再次思索起用铁桥代替木桥的方法。

卡内基立刻动身去拜访了铁桥的设计者林维尔和席夫拉两位工程师,在交谈中他们都提出了有位名叫比波的工程师是架桥工程界首屈一指的天才,于是卡内基立刻请这位工程师前来。

"听林维尔先生说,您很喜欢马?"卡内基对比波上校说。

"马?我喜欢马仅次于桥。"上校说。

"我的弟弟汤姆也喜欢马。他每天早上从霍姆坞德镇到车轴工厂,大约16公里的路程,都骑马上下班,我也送一匹种马给上校吧!"

这位天才型工程师听到马,两只眼睛都亮了起来。他是典型的马迷。看来,为了掌握上校,马是不能吝惜的。

在交谈中,卡内基建议他辞去铁路工作,加入铁桥公司。林维尔、席夫拉、比波、卡内基与他的弟弟汤姆5个人每人出资1250元创立公司。由于比波有功劳,他的股金由卡内基代出。

不久,卡内基还将柯路曼,制铁的天才工程师与比波上校拉到一起,这两位天才之间由他的弟弟汤姆游说联系,这样一来,便有了基础发展成为称霸全美的大企业,卡内基对此乐不可支,难以抑制。

他们的第一份订单是由潘汉德尔铁路在俄亥俄州的一家地方公司下的。

俄亥俄铁桥成功地完成了建造,沉重的火车头拖着3节货车,安全地通过了铁桥。

宾夕法尼亚铁路的汤姆逊董事长以太太的名义入股,成了大股东,斯考特先生持有8万元股

票,与卧铺车辆制造公司那时相同,以折半为条件用卡内基的名义持有。公司取宾夕法尼亚州的别名,命名为拱心石桥梁公司。当初卡内基以赚大钱为目标,如今得到了机会。

订单不断,而其他公司的线路建桥工程的订单以及宾夕法尼亚铁路的订单也蜂拥而至。

在联邦政府的经费补助下,圣路易决定在密苏里河上建一座铁桥,拱心石桥梁公司承揽了这项大工程,并派比波前往圣路易协助伊兹上尉,共同设计桥的架设工程。

设计者伊兹上尉在当时特别有名气,他同时也是陆军装甲车与装甲舰的设计者,由于比波与他意见不统一,这项建桥工程进行得很不顺利,后来又因为伦敦的公债出了问题,与华盛顿产生了摩擦,更导致了计划延迟。

由于工作的不顺利,比波产生了返乡的念头。最后是卡内基用 3 匹英国好马挽留住了比波,并设法解决了各种接踵而来的麻烦,圣路易铁桥终于建成了。

一天,汤姆·米勒、柯路曼兄弟和斐浦斯因分摊利润发生了矛盾,从而从原来的公司中脱离了出来,在卡内基的鼓励下,并且以拥有 5 位千金而自豪的柯尔曼先生为大股东,创建以希腊神话中独眼巨人为名的公司,即独眼巨人制铁公司。从此,卡内基必须同时关注这两家各自独立的制铁公司。钢铁时代来临了。

由于军事方面的需要,开始使用钢铁装甲起来的军舰,用木造船舰几乎成为了历史。

这时,卡内基制造铣铁、铸铁的公司成立了,铁桥公司的业务也蒸蒸日上,而伍德拉夫卧铺车公司成绩也很好,这时候是绝对不能去当兵的。卡内基花了 850 元找了个代理人才逃脱了兵役。

1865 年 5 月,美国南北战争结束了。

卡内基和弟弟汤姆讨论着国内的时事和最新的消息。卡内基不顾当时的形势，他要将都市钢铁公司与独眼巨人公司合并，他还已经决定辞去宾夕法尼亚铁路的工作。这是他早先的计划，一旦战争结束就辞掉铁路工作。

卡内基向宾夕法尼亚铁路公司提交了辞呈以后，他并没有在家闲居，为了思索在人生中的这次转变，他打算做一次旅行，与好友福特·菲浦斯和邦迪波特同返邓弗姆林。

在临行前，卡内基敦促柯路曼兄弟、菲浦斯与因吵架而同他们分手的汤姆和好，将两家制铁公司合并一家，创立了联合制铁公司。同时，也让弟弟汤姆创立了匹兹堡火车头制造公司。从此，这里成为了他财富的宝库。

在豪华客轮苏格兰号的甲板上，卡内基眺望着落日时的风景。想到近来的变化，卡内基不胜感叹。再过不久乘坐伍德拉夫的卧铺车，几天就可以由纽约抵达旧金山了。

卡内基躺在霍姆坞德住宅前的草坪上，想到在自己的人生路途中已经历了一个重大的转折，他又兴起了回邓弗姆林的念头。

美洲大陆现在是钢铁时代。铁路造得越是多，就越对自己有利。但是如果想垄断大陆横贯铁路的铁轨和铁桥，又要采取什么措施呢？他带着如何实现这个梦想，渡过了大西洋。

卡内基旅行归国以后，就像是重新上了发条的机械一样，发疯似的行动起来，向钢铁发起了进攻。

不久，在联合制铁厂里，矗立起一座 22.5 米高的怪物，这是当时最大的熔矿炉,取了汤姆的未婚妻的名字,命名为露西炉。

不久,弟弟汤姆·卡内基与柯尔曼的千金结婚了,卡内基将位于匹兹堡郊外霍姆坞德镇的家让给了新婚夫妇,自己和母亲搬到了纽约,订下了圣尼古拉斯大饭店套房的长期租约。由于需要乘列车频繁来往于匹兹堡和纽约之间,他的工作日渐繁忙,同时,他在爱荷华也承揽了密西西比河的造桥工程,在美国中西部各地,铁桥的订单也逐日增多。

1866 年 12 月底的一天,卡内基默默地写下了这样一个备忘录:"年龄 33 岁,年收入超过了 5 万元,这两年间事业发展顺利,但现在想发奋读书,计划前往牛津大学深造,也想购买伦敦报纸的股票。

"人必须该崇拜点什么,崇拜财富是最丑陋的行为。对于我,现在继续发展事业,在一段时期内还会积累更多的财富,但这会不会让我堕落下去呢? 因此,我打算在 35 岁以前退休,现在离退休还有 2 年,以后,每天至少应在工作后抽出一小时,专心致志地读书。"

这是这个钢铁大王、大实业家的突然转变。在那个时代,5 万元的年收入到现在要以亿来计算,在匹兹堡的纳税排行榜上,卡内基始终高居榜首。

1874 年,卡内基和一位能干的技师霍利打算进行一个百万元的投资:贝西默式 5 吨转炉 2 座、旋转炉 1 座、再加上西门斯式 5 吨熔铁炉 2 座……瓦斯生产器和电气钢铁设备……

新工厂从 1875 年 1 月开始生产。

股东们同意在伦敦发行公司债券,像一般股票一样公开上市,而合伙人分担的优先股的数量,决定止于最小限度。

工程进度比预先定下的时间稍为落后。1875 年 8 月 6 日,卡内基与购买钢铁的公司订下了第一个契约,两个星期以后,熔铁炉点燃了。

他又聘了一位被他称为天才的工程师琼斯。

在卡内基钢铁制造方面,琼斯所做的最大贡献是构想出一个如怪物一般的大铁箱,可以支撑 50 万磅重的铁溶液。

1881 年,卡内基与被称为"匹兹堡焦炭大王"的福特·克拉克·佛里克准备成立一家新公司,新公司以 200 万元设立,公司名称是 H·C·佛里克焦炭公司。持股对半分开,合作当即达成协议。

自发生大恐慌以来,卡内基毫不留情地将钢铁公司的投资者逐一逐出公司。卡内基的经营哲学是:机器的"零件"用过,一产生故障,就应立刻更换新品。与斯考特先生绝交之后,随后又抛弃了柯路曼兄弟,毫不留情地收买了他们的股份。

从这时起,卡内基本人亲自出马,积极地向华盛顿议会进行游说。凭借他的影响,使保护关税法顺利获得了通过。这项关税法是针对竞争对手英国钢铁的。

因此,订单如雪片般急剧增加。

1881 年,以艾加·汤姆逊钢铁、联合制铁及露西制铁三家公司为主体,加上煤矿山及佛里克焦炭和许多小焦炭公司,成立了卡内基兄弟公司。

1869 年,纽约中央公园比现在更加青翠苍郁,清新怡人,是市民特好的休憩场所。每天早上,卡内基都在中央公园骑马散步,过着乡间绅士田园般的生活。栗兲色的纯种马,发出令人愉悦的踢踏声,和着动听的乐意。尾随其后的是,骑着白马,头上戴着插有羽毛的无边帽,穿着苏格兰羊毛长裤的高贵淑女。

她就是纽约城有名的大批发商人怀特菲尔德美丽的千金小姐露伊。她的年龄在 30 岁出头,脸形稍大,瓜子脸,慧黠的蓝眼甚为迷人,擅长小提琴。他们二人已定婚了。

然而,在 1886 年的 10 月,年仅 43 年的汤姆·卡内基就在昏睡状态中过世了。

卡内基本人却因病并没有参加弟弟的葬礼。

第二天早上,卡内基仍高烧不断,陷入深沉的昏睡状态,意识不明,这种状态持续了两个星期。

在克里森山庄旦,母亲像是追随着儿子汤姆一样,不久也咽了气。或许是由于悲伤过度,抑或是人本已风烛残年。

11 月底,在纽约的露伊接到了卡内基从克里森山庄寄来的信。卡内基被高烧持续困扰了将近 6 个星期。

寄给露伊的信这样写着:

过去的 6 个星期,我生活在暗无天日之中,今天才能见到光明。

我将大病初愈后的第一句话告诉你,现在我失去了一切,妈妈和汤姆,除了你一人……我只为你而活,至死为止……

1887 年 4 月 22 日,即母亲与弟弟骤然去世半年后,卡内基在 30 名观礼者的祝福声中,与露伊举行了简单的结婚仪式。露伊后来只生一女,名字取为玛琪。母亲如果在世,该会有多高兴!但是不久又发生了一件不幸的事。

一天晚上,厂长琼斯上尉正在检视自己刚开发的新熔矿炉。突然,高炉猛烈地爆炸了,并发出巨大的轰鸣声。站在高炉正前方的琼斯上尉,被炸向后方,坠落在矿石车上,头部受猛烈的撞击。他在昏迷状态中被送往医院,虽然医院全力抢救,但终因伤势过重,于2天后死亡。

卡内基在琼斯的灵柩前,喃喃自语:"整个布罗多克工厂,是琼斯一手建立的啊!这都属于你。"

在琼斯去世一年后,卡内基提升39岁的佛里克为公司的董事长。

从表面上看,刚上任的佛里克只拥有公司2%的股票,但佛里克的手腕是相当厉害的。在他就任董事长的第二年,通过各种途径,公司纯利即达350万元,第三年就跳到了535万元。

狄克仙钢铁公司与霍姆斯特德钢铁公司一样,是由匹兹堡的6位钢铁业者联合投资兴建的。他们所发明的压延铁轨制法,被公认是全美数一数二的。

一天,佛里克告诉卡内基:匹兹堡的狄克仙钢铁公司因罢工而濒临倒闭,正是买下它的好时机。

卡内基对此兴趣十足,若买下狄克仙,要垄断全国的铁路用铁轨就不再是梦想。

佛里克首先出价60万,但遭狄克仙拒绝。卡内基只在一旁冷眼旁观,你佛里克还能有什么手腕呢？就在这期间,发生了令卡内基吃惊的事情,宾夕法尼亚铁路、俄亥俄—巴尔的摩铁路,连联合太平洋铁路也转来如下消息：

"不知是谁散发了奇怪的传单给全美的铁路公司……据说狄克仙的铁轨,材质缺乏均一性,是有缺陷的产品……"

狄克仙最终以100万元的低价卖给了卡内基,这是天上掉下来的金蛋,在合并的第二年,收益就达到500万元。公司名称变更为卡内基钢铁公司。

卡内基公司成为了世界上最大的钢铁公司。不久之后,又更名为美国钢铁的巨大企业集团,由卡内基钢铁发展到美国钢铁的历史,就像卡内基兄弟公司变更为卡内基钢铁公司一样,并不是纯粹的事业扩大史。

1892年7月6日拂晓时分,闷热的清晨,天还没亮,霍姆斯特德的罢工开始了。

在淡淡的月色中,一艘大拖船从匹兹堡驶出,迟缓的发动机声音,在莫农卡黑河面上响着。这艘拖船拖着2艘舢舨,朝着霍姆斯特德工厂的码头驶去。

拖船的船舱和舢舨上,有近百名剽悍的男子,他们手持来复枪,全副武装,舢舨发出迟缓的声音前进着,它是佛里克秘密签约的皮卡顿警备公司的船只。"警备公司"名称很好听,但事实上却是俗称"破坏罢工"的武装暴力集团。

卡内基一如往年,在妻子的陪伴下前往苏格兰的拉诺克牧场避暑。临行的前一天,他下了一道严厉的指令电报给佛里克：

"贵电敬悉。获知阁下果断的决意,忧虑顿消。纵使工厂内杂草丛生,也不再雇有反版之徒。胜利属于我们！"

卡内基的这封电文,在以后却成了遭致非议的根源。

"万人制铁镇"的霍姆斯特德已成为革命的战场,全美钢铁劳工联盟占据了镇公所、警备局并进入生产管理体系。

佛里克所雇用的皮卡顿警备公司的拖船,趁着天还未亮,由码头进入工厂内,动用武力。此时正当拖船驶抵第一码头。

陆上响起数发枪声的同时,工人们将汽油倾入了河中,估计汽油刚好流到舢舨时,炮弹发射了出去。舢舨立刻烧毁,造成 11 人死亡,60 人受伤的大惨案。皮卡顿举白旗投降,他们被迫解除武装,拉到镇上游行。

在镇上,这些警备公司"破坏罢工"的男子,再次受到袭击,伤亡惨重。

在这种情况下,佛里克请求州长出兵帮助。7 月 13 日,斯诺登少将率领 8000 人的骑兵队,进入霍姆斯特德工厂,终于镇压了暴乱集团。

这时,《纽约世界日报》成功地和在苏格兰的卡内基联络上。他正在一处远离铁路及电报局的牧场内。这家报纸刊登了卡内基的发言:"工厂的事全权委托佛里克,我不能表示任何意见。"

消息一经发出,全美舆论哗然,交相指责卡内基。7 月 23 日午后 2 点左右,吃完午餐归来的佛里克,在匹兹堡的办公室内,正和股东莱休曼商谈一些事情,突然,有一位持枪的年轻男子闯入,举枪射中佛里克。佛里克大量出血,莱休曼立刻将这名歹徒制服在地。

出事后,社会对卡内基抨击的舆论却更加高涨。

英美的报纸对他交相指责,华盛顿议会召开特别委员会,调查霍姆斯特德工厂的流血事件。

事后,卡内基想以这事件为界限,开始疏远佛里克,这种意图是不难想象的。

问题是,假如疏远佛里克,谁可以取而代之呢? 除了意外死亡的琼斯上尉发掘的食品杂货店员许瓦布外,不做第二人选。

促使卡内基与佛里克正式决裂的原因,虽然只是起于一次非常小的争吵,但冰冻三尺,并非一日之寒。

隔了许久,才从苏格兰回国的卡内基,前往纽约的办公室时,恰巧碰到从匹兹堡来的老友伍卡。

卡内基对他说的话,与其说是失言,还不如说是存有挑衅的意图。

"佛里克嘛,他跟我合伙共同经营佛里克焦炭公司。而他竟然不签订新契约,以便将焦炭产品交给卡内基钢铁公司,你说奇怪不奇怪?"

伍卡事先就知道这件事情,但他默默地听着。佛里克焦炭公司虽说是合伙,但却是佛里克所创立的公司。当经营困难时,在麦隆的介绍下,股份对半平分以来,公司的经营全权委托佛里克。

但是全部的产品都交给卡内基钢铁公司,契约上没有定每吨的交货价格。

"这种最纯良的焦炭,销往需求量最大的西部时,市价每吨是3.5元,而卡内基却一定要佛里克卖1.5元,这哪能同日而语!"

伍卡与佛里克是好友,也是佛里克焦炭的股东,他心里虽然如此想着,但在卡内基面前却不表示自己的意见。

卡内基骂出恶毒的话:

"因为贪得无厌,才会遭到歹徒的枪击啊!"

第二天早上,佛里克送来一封信给卡内基钢铁公司的董事会。那是佛里克的辞呈。卡内基接受了他的辞职,佛里克的继任者是许瓦布,他成了董事长。

每年都要到斯吉伯堡避暑的钢铁大王,一天正啜饮着红茶。

当他读毕经营管理报告时,脸色骤变,命令秘书拍发电文:"钢轨、钢管、铁板、铁骨、铁钉,整个工厂进行全面扩张计划!购买铁路及船只,以及扩大煤与焦炭的水陆运输网!"

许瓦布在夏季接近尾声的时候来到斯吉伯堡。他们要摸清的敌手是摩根。

宾夕法尼亚铁路的运费涨价了。卡内基的老巢宾夕法尼亚铁路,也在摩根的控制下,他当即决定,着手铺设并行铁路,这一决定让大家很吃惊。若建成两条铁路的话,铁轨的需要也会增高!卡内基意气昂扬,但仍掩饰不住有些微微的气馁。

控制铁路的"华尔街大佬"摩根,下达指令:这次作战目标是钢铁。而这只是在一次很偶然的机会中注意到的,这位"华尔街大佬"并不轻易地放过这种机会,时代正步入需要大量钢铁的阶段。

许瓦布脸色沉重地报告,战端当然由摩根一方挑起。

联邦钢铁下的关系企业及摩根所属的全部铁路,都取消了对卡内基的钢铁订购。卡内基鼻里发出一声轻哼,将视线移向窗外,一时不知如何是好。

大学俱乐部是纽约历史悠久的社交俱乐部,建材使用坚固且昂贵的橡树,格调高雅。为许瓦布举行的餐会在这里举行,摩根也应邀参加,坐在许瓦布的旁边。餐后许瓦布发表了演说。起初,由于有摩根在坐,稍显怯场,但后来愈说愈精彩。

当晚,摩根、许瓦布两人成为知己。在纽约,再次招待许瓦布的是精明强干的律师加利,第二回合的碰面,是在麦迪逊大道的摩根办公室进行的。这次是秘密会谈。

摩根滔滔不绝地讲着,他很担忧德皇的野心,他提议,美国的钢铁业必须统一。

卡内基答应合并,参加条件是要大合并后的新公司债券,不要股票。

至于新公司的公司债券对卡内基钢铁资产的时价额应以1元对1元5角的比例计算。

卡内基的股票以时价卖掉了,他不要大合并后的美国钢铁的股票,而要具有黄金保障的公司债券,希望以1对1.5的比率兑换!

摩根同意了卡内基的条件。摩根还打算请卡内基到华尔街23号摩根总公司,但卡内基拒绝说:"从第51街到华尔街的距离,与从华尔街到第51街的距离是相同的。"于是摩根只好屈尊去拜访卡内基寓所。这是史无前例的,因为他从未去过别人的寓所或办公处。

商谈达成协议后,匹兹堡意外地成了"淘金地"。

在这里"淘金"的一位叫莫里逊的苏格兰移民,是卡内基的远亲,也是股东之一,他建造了红墙的大宫墙。他娶到了拥有 600 万巨款的汤姆·卡内基的遗孀,在佛罗里达兴建了大宅院,又在纽约兴建出租公寓。成为他受许瓦布提拔的一位年轻股东,还从欧洲请来有名的画家,为他太太画肖像。

1887 年卡内基写信给好友自由主义者葛莱德斯顿说:"人死而富乃是最大的耻辱。"

可是,在 2 年后,他把一篇题为《富豪的福音》的文章,寄给了《北美评论》杂志。文中提到他对财富的两种假定分配法。

第一种方法:将遗产分赠给亲戚,这是一般人最常选择的方法。第二,依照遗言,捐赠给社会。

卡内基国际和平基金会于 1910 年成立。

1919 年 8 月 11 日,卡内基去世,享年 84 岁。

第三章

"快乐使者"迪斯尼

◎ 梦魇般的少年

1901 年 12 月 5 日,沃尔特·迪斯尼出生在美国的芝加哥。

迪斯尼的父亲伊利亚斯·迪斯尼是芝加哥城的一名木匠,自己建房出售,后来又先后在几家大公司当过木工,母亲协助父亲负责房屋的设计、材料的购买等工作。

沃尔特·迪斯尼有三个哥哥、一个妹妹,他们是赫伯特、雷蒙、洛衣和露丝,尽管兄妹很多,由于父亲的聪明和母亲的勤劳,全家人的日子过得还是非常不错的。

6 岁的那一年,父母亲和三个哥哥都去镇上了,家里只有沃尔特·迪斯尼和妹妹露丝,他们在家里翻东倒西,找到了一大桶焦油,这桶焦油让沃尔特·迪斯尼产生了画画的念头,于是他用

这一大桶焦油画画,妹妹给他当助手。沃尔特·迪斯尼在他们家的屋子外面的墙上画了许多房子,并且房子上还画着浓黑的炊烟。父亲回来后,看到家里的屋子黑黑的一大片,十分生气,狠狠地骂了迪斯尼一顿。

一年年春去夏来,秋往冬至,小迪斯尼也渐渐懂些事了。他开始识字是母亲教的。但是为了等妹妹一起上学,他到7岁才开始进学校。

迪斯尼总是喜欢一些课堂外的东西,因为他觉得那些东西比功课更有趣。这也是他成绩不好的一个原因。

他对镇上刚刚开的一家电影院开始感兴趣了,于是放学之后,他说服了妹妹同他一起去看电影。他们高兴地看了《耶稣十字架》和《复活》的活动影片。

父亲是一个勤劳而又严肃的人,但有时也和蔼可亲。例如,星期天他常带着迪斯尼乘马车去泰勒老爹家玩。在那里,泰勒的女儿弹着钢琴,而父亲拉着小提琴,一拉就是一两小时。迪斯尼坐在一边的高背椅上一动不动地聆听着美妙的音乐,仿佛陶醉了一般。他从来都没想过严厉的父亲居然还能弹奏出这么好听的曲子来。

但是在其他时间里,父亲却很严肃,甚至有点专制。父亲租来了他兄弟罗勃的田地让两个大儿子赫伯特和雷蒙耕种。他们俩在丰收之后赚到了175块钱,就各自花了20元买了一块带金链的手表。父亲知道后,责骂他们过度浪费,并问他们俩怎样处置剩下的钱。

赫伯特和雷蒙忍受不了父亲的这种专制。第二天中午赫伯特骑马去镇上银行取出了他和雷蒙的钱。晚饭之后,他们从窗户跑了出去,搭上了开往芝加哥的火车。

1909年的冬天,父亲患了伤寒,不久又转为肺炎。因而全家的重担就落到了16岁的洛衣和8岁的迪斯尼肩上了。

父亲的身体状况决定了他再也不能从事体力工作了,于是他就改行卖报纸。在那里买到了为一千户人家投递报纸的送报权。虽然迪斯尼和洛衣已经开始上学了,但不得不为父亲去送报,而且每天早晨三点半就要到送报车那儿领取报纸。

迪斯尼在当报童的6年中,除了有4个星期因生病而没有送报外,每天早晨和下午都坚持送报纸。送报是很辛苦的,就是下大雪也不能间断。

其他的报童送完报后都能得到一笔钱,而迪斯尼和洛衣却得不到。他们父亲的专制,使他们觉得很不舒服。1911年,洛衣在18岁生日那天也离家出走了。

洛衣的出走,意味着家里的重担又加在迪斯尼的头上,家里的所有事情都需要他照应和帮忙。父亲因为失去了免费劳动力而大发脾气,对迪斯尼就更加吹毛求疵,找到什么岔子就会打他。然而母亲却常常护着他。

迪斯尼在繁重的工作之余,也有自己的高兴事。

他喜欢上了马戏。市里的马戏团来时,他就会跟着马戏团穿大街走小巷,常常把小露丝丢在后面好远。马戏团走后,他便会把小露丝和邻居家的孩子召集起来。依照马戏团的样子,将一辆大篷车改装成游行车。

迪斯尼的少年时代是在本顿学校度过的。这是一所8年制的学校。尽管母亲常指导他学习,但他的成绩平平,但在阅读方面显示出特殊的才能。他经常到图书馆去,通读了马克·吐温和狄更斯的作品,他也喜欢阿杰梭写的故事和汤姆·斯威夫特写的冒险事迹。

迪斯尼最喜欢的是画画,但是这一方面也无法令老师满意。有一次,老师布置作业,让大家画一盆花,可是他并不按常规,而是故意将花画成脸,叶子画成了手,这使老师感到困惑。

他看任何事物都有着独特的见解。渐渐地,他开始喜欢漫画,最先是仿照《理性》杂志上的漫画来画。后来他的技艺慢慢娴熟起来。

迪斯尼在学校里还喜欢演戏,华特是哥哥离家后结交的第一位新朋友,由于他与华特要好,使他成为皮费佛家一位常客。皮费佛先生是位德裔,他是个胖胖的、热情慷慨的人,他鼓励孩子们交友,还帮助他们表演喜剧,弹钢琴给他们伴奏,还常常在周末带他们去看电影。

皮费佛家的温暖和欢乐与自己家中的严肃和节俭形成了鲜明的对比。因而迪斯尼喜欢呆在皮费佛家,他在皮费佛家的时间比呆在自己家中的时间还要多。

由于这个缘故,迪斯尼渐渐接触到了扣人心弦的杂耍和电影的世界。

迪斯尼已经上 5 年级了。在这一年的林肯纪念日,他拿来了父亲的大礼帽,在上面加些硬纸板,再涂上黑鞋油,便成了一个黑色大礼帽,他又拿来了父亲的燕尾外衣。他在自己的下颌上贴上皱纹纸做的胡子,面颊上面弄一个疣,便装扮成了林肯的模样。这一次,校长很喜欢,并且让他到各个班上去模仿林肯在葛底斯堡的著名演讲,效果很好。

迪斯尼开始了演戏生涯,他与华特在当地戏院的业余之夜出演了《卓别林和伯爵》。迪斯尼这一次穿上父亲的裤子和工作服,戴上大礼帽,又戴上了山羊胡子,成功地扮演了卓别林,并且得了第二名和2毛5分钱的奖金。

迪斯尼害怕父亲知道他演戏,到了晚上便悄悄地从窗户爬出去。接着,又与华特合作演了好几出滑稽剧。

迪斯尼在送报的劳动之外,还经常为一家药店送处方,同时也常到街头巷角卖报纸来赚点钱。中午别人休息的时候,他到一家糖果店扫地,以换得一顿午饭,从早忙到晚,累坏了迪斯尼。有几次,半夜醒来准备去送报纸的时候,穿着衣服不知不觉又睡着了。

1917年秋天,父亲将送报纸权出售,得到了1.6万美元,把钱投资给了芝加哥的俄塞尔果子厂。除获取利息外,他还担任了工厂建筑部门的主管。

1917年6月,迪斯尼从本顿学校毕业。毕业后,他留在堪萨斯,帮助新的报纸生意老板。这时,他的长兄赫伯特已经结婚,并有了一个女儿,也搬回家里来住了,迪斯尼和洛衣也留在家里。迪斯尼向圣路易斯州际新闻公司联系申请了一份暑期的工作。为了让公司接收,他将年龄15岁说成了16岁,并且在洛衣的帮助下缴了15元的保证金。

他开始正式工作了,他公司领来了大篮子,里面装着水果、爆米花、花生米、糖块和汽水等,开始了在火车上卖食品的暑期旅行。上火车时,他把装有东西的篮子放在报贩的固定摊位上,然后站在车厢口等待买主的到来。

一个暑假,迪斯尼到了许多城市。他变得日趋成熟,但是付出了辛苦劳动却没赚到钱。秋天到来时,迪斯尼很不情愿地到芝加哥和家人团聚,并成了芝加哥麦金利中学的一名新学生,在学校他充分展示了自己的艺术天分,成为了《金声》杂志的一名漫画家。迪斯尼的漫画逐渐被采用了。在他活泼而幽默的漫画中,反映出他急于参军的不耐烦。

他的哥哥洛衣此时已加入了海军。当他归来穿着水兵服站在迪斯尼面前时,迪斯尼真是羡慕极了。迪斯尼与洛衣长得一样高,只是由于年轻还不够参军的资格。

他在《金声》中所画的卡通画也表露出对军人的羡慕。迪斯尼同时还是《金声》杂志的摄影,而且每个星期有三天时间去芝加哥艺术学院学习解剖学、写作技巧以及漫画。

他的老师在当时很有威望,如《芝加哥论坛》报的漫画家加瑞·欧尔,《前锋》报的漫画家雷陆·戈西第,迪斯尼得到他们的允许,可以去报社看他们工作。

同时他也开始收集笑话,他去杂耍院一呆就是两个钟头,把笑话都记下来,并且还从报纸上收集笑话,并加以修改整理。

1918年的春天,迪斯尼读完了高中一年级,便与一位朋友同去邮局联系暑期工作。

1918年的夏天可以说是迪斯尼一生以来觉得最快乐的

一段日子了。他在邮局工作
的时间很长，但活又不累，而
且可以在外面到处跑一跑。
到了晚上，他就请同在麦金利
中学的女孩子去看电影和杂
耍表演。

　　这年的夏末，盟军在第二
次马恩河战争中阻遏了德军的前进，福煦元帅下令盟军全面
反攻。此时，迪斯尼再也忍耐不住了，急着要去当兵。

　　母亲不想让迪斯尼也像三个大儿子一样偷偷离开家，于
是她就在护照申请上代签了父亲的名字。1918 年 11 月 8 日，
欧战结束了。

　　1919 年 9 月 3 日，迪斯尼便登上了回国的轮船。

　　从欧洲回来后再回到中学去读书，那是不可能的了。他
父亲要他到果冻工厂去工作，每星期可拿到 25 元的薪水，但
迪斯尼很有礼貌又很坚决地拒绝了。

　　迪斯尼决定到堪萨斯市去，希望在那里找到出路。

◉ 艰苦创业

　　兄弟重逢，迪斯尼和洛衣都非常兴奋，在找到住的地方之
后，迪斯尼首先做的事情就是带着自己的画来到《星报》社申
请当一名漫画家，可报社说他们根本不缺漫画家。而后，他又
把自己的作品拿到堪萨斯市的《日志报》去碰碰运气，虽然很
受赏识，但也因为没有空缺而告吹。

　　一次次的被拒绝使迪斯尼情绪很低落，回去后，便把自己

的遭遇告诉了洛衣,洛衣也很为他着急。一次,洛衣在银行里和一位同事谈起了迪斯尼的事,那位同事说有两个广告画家想找一个学徒。

听到这个消息,洛衣赶忙给迪斯尼打电话,迪斯尼就带上他的作品去找公司的合伙人。公司当场就雇用他了,这使他又惊又喜。迪斯尼负责为农场的设备和供应品公司设计广告和信笺上面的草图。他的第一项工作就是为一家饲料公司设计广告。这些对他来说都是易如反掌。

值得一提的是,他还在这家公司结交了一位志同道合的朋友——乌比·依维克,他们两个人紧密合作,为农庄农具以及百货公司和剧院设计了大量的广告图案,但是圣诞节前的繁忙过去之后,他们俩都被解雇了。

后来,迪斯尼向邮局申请工作,做邮递员一直做到新年以后。

迪斯尼和乌比都不愿放弃自己心爱的事业,两个人商量着自己开业,迪斯尼儿时的朋友和在杂耍戏院表演的合演人华特·皮费佛说服了自己的父亲,雇用迪斯尼和乌比为《皮革工人联合会日志》设计美术字。

迪斯尼为了寻找其他的业务,就去拜访他以前的邻居艾尔·卡德,卡德在编一份专业刊物《餐厅新闻》,他说他的工作不够他们两个干,但他愿意在自己的办公室再放两张桌子,以便偶尔请他们两人干活时用。

迪斯尼认为这是他们两个人独立开业的好机会，就写信给他的母亲，让她把自己存的 500 元钱寄给他。迪斯尼和乌比想把他们的公司称做迪斯尼—依维克公司，但又觉得听起来像一家光学仪器公司，于是就改称为依维克 – 迪斯尼广告公司。依维克办理绘制普通画和美术字等业务，迪斯尼则负责漫画创作和扩展业务。

迪斯尼和乌比每周工作七天，每天拂晓开始，一直忙到深夜，不到一个月，他们踏遍了所有的门路，从一项业务中净赚 135 美元。

依维克—迪斯尼公司只维持了一个月。1920 年 1 月 29 日，乌比从报上看到了一则招聘画家的广告。

乌比和迪斯尼讨论了这则广告，乌比认为迪斯尼应该去应聘，这份工作对迪斯尼来说是再合适不过的了。在乌比的怂恿下迪斯尼会见了那家公司的负责人维恩·卡格，卡格对他的漫画很满意，答应每星期给 40 元薪水。迪斯尼当然非常兴奋，但他希望只做半天工作，以便继续和乌比合作经营他们的依维克—迪斯尼公司，然而卡格却坚持要他全天上班，已经没有再回旋的余地了。他只得回去同乌比商量，乌比认为这是不可多得的好机会，竭力劝说迪斯尼接受这份工作。

"公司的事，我一个人做得了。"乌比让迪斯尼放心。但乌比不大擅长做生意，因而公司的业务量逐日下降。1920 年 3 月，迪斯尼说服了卡格，乌比也成了这家公司的一名职员。于是依维克—迪斯尼公司只好关门了。

现在迪斯尼开始制造活动的卡通了。他认为这种制作卡通的方法太简陋。他曾经看过纽约的卡通电影，觉得动作真实多了。迪斯尼决心要弄清楚其中的奥妙。

他在堪萨斯市公共图书馆找到了两本书:一本是卡尔·路斯写的,介绍了卡通影片制片的基本原则。还有一本是爱德华·毛布奇所著,书中探讨了人和动物动作的有关问题。

迪斯尼仔细研究了毛布奇所摄的马匹和运动员在运动时的照片,然后又把这些照片影印出来。把影印下来的照片作为自己绘画的指导。老板认为他画的卡通更具有真实性,就决定采纳迪斯尼的新方法,于是他和乌比就开始为这家电影广告公司绘制这种卡通。

迪斯尼完成了 300 英尺的卡通影片,就把它们送给纽曼戏院公司。这家公司在堪萨斯市拥有三家电影院,公司经理米尔顿·费尔德很高兴地接受了这个影片,并且愿意出每英尺 3 毛钱,但后来迪斯尼便发现:3 毛钱一英尺根本没有什么利润。

迪斯尼把他的影片命名为《欢笑卡通》。初期的卡通绘制已具有惊人的技巧,影片中画家的手在纸上滑过,好像在以闪电般的速度画着滑稽的画。

当迪斯尼进一步掌握了绘制卡通片的技巧时,一部真正的卡通影片——《堪萨斯市春季大扫除》产生了。这部影片的题材明显是指向堪萨斯市警察的丑闻。这部影片受到了不满警察丑行的堪萨斯市市民的热烈欢迎。

迪斯尼因为《欢笑卡通》而小有名气。

同时他对自己的卡通影片非常满意,他甚至还把在电影广告公司的 60 元一个月的那份优厚工作辞掉了。

1922 年 5 月 23 日,他用 1500 元组成一个"欢笑卡通公司"。乌比因迪斯尼的劝说也脱离了原来的公司,因此"卡通欢笑公司"继承了依维克—迪斯尼广告公司的剩余财产。公司除他们俩之外,还增加了 5 位卡通画家,一位业务经理,一

位在赛璐珞板上上色的女孩子,一
位推销员和一位秘书。

"欢笑卡通公司"开始制作一
连串神话卡通影片,推销员到纽约
去寻找买主,却带回一条消息,这
消息使"欢笑卡通公司"的同人欣
喜若狂。因为他和一家图书俱乐
部公司订了一份合约。

不幸的是,图书俱乐部第一次给迪斯尼支付了100元后
就停业了。

当"欢笑卡通公司"付出的工资越来越少的时候,工作人
员开始陆续离开。最后连乌比也回电影广告公司去了。11
月下旬,虽然迪斯尼的主要资助人柯尔斯医生被说服再支付
2500元以应付公司的主要债权人,但这笔钱很快就用光了。

转折点终于来了。12月的一天,堪萨斯市的牙医汤姆斯·
麦克隆到"欢笑卡通片公司"去,要求公司拍摄一部增进牙齿
健康的影片。迪斯尼拍了《汤姆·杰克的牙齿》。用赚到的
500元又把一些欢乐公司的人员请了回来,并开始摄制一部
新片,他设计了制作《爱丽丝梦游仙境》的办法,让一个真实
的女孩在卡通人物中演出。

于是,迪斯尼雇用了维吉尼亚·戴维丝,这是一个头发卷
卷的、可爱的6岁女孩,成了模特儿,受雇在白色布幕前演出
以便拍摄,然后再由迪斯尼根据故事把背景和卡通人物画出
来,并写信给纽约发行公司。

当《爱丽丝梦游仙境》才完成一半,迪斯尼苦恼地发现,
自己却已不名一文。雇用的几名制作人员由于没有工资而辞

职时,"欢笑卡通公司"就倒闭了。

1922 年 7 月,迪斯尼穿着一件花纹上装,着一条不相配的裤子,离开了堪萨斯市。

当迪斯尼在 1923 年到达好莱坞时,好莱坞已成为公司林立的城市。当时,迪斯尼的叔叔罗勃·迪斯尼退休住在洛杉矶,迪斯尼就住在他家中,开始探求这个新奇的、充满阳光的世界。

迪斯尼非常想投身电影业,亲自导演电影。于是他就印了张名片,声称自己是环球、塞尼克新闻电影公司驻堪萨斯市的代表。并且靠一张名片进入了环球制片厂的大门。

他在摄影场中乱逛了好几个小时,看到了玻璃围着的舞台、户外布景,以及工作人员的工作情形。第二天,他来到环球公司的人事部门,说明了他在堪萨斯城的经历,并请求担任导演,但是被拒绝了。

迪斯尼又到其他的电影公司去申请导演工作,也同样遭到了拒绝。

迪斯尼身上一分钱都没有,甚至连住在罗勃叔叔家一个星期 5 块钱的吃住费用都要向洛衣借。在哥哥面前他竟然情不自禁地痛哭起来。洛衣建议迪斯尼重新回到卡通制造的本行上。迪斯尼认为太迟了。

在哥哥的鼓励下,迪斯尼认为他要加入电影行业,唯一的途径还是卡通影片。他决定像从前那样从头做起——卖笑话卡通片给电影院。在遭到几家电影院拒绝后,终于有一个独立的电影院老板亚里山大·潘特奇表示愿意看看样片。

迪斯尼回到罗勃叔叔的车房里,马上着手设计影片的背景。由于工具简陋,绘不出什么复杂的东西,迪斯尼就决定将形象贴在简单的背景上,而笑话则是以气球在人物头上爆炸的方式引发出来的。

他也尝试了另一条可行的途径,他相信《爱丽丝梦游仙境》仍然可以作为他打入卡通影片行业的敲门砖。他印了一些信纸信封,上面印着"沃尔特·迪斯尼:卡通画家",然后写了一封信给纽约卡通影片发行人温克勒小姐,温克勒小姐马上回复了他。

迪斯尼收到电报时已很晚了,他马上去了哥哥那里。他告诉洛衣,并说他找到了打入卡通事业的机会,而且一开始就很好。但他表明他需要洛衣的帮助,迪斯尼请求他一起干。

为了未来的事业,洛衣把他从每月 80 元的薪俸中节省下来积攒的 200 元投资到电影业上。洛衣还向银行申请贷款,但银行认为卡通电影不可靠,没有给贷款。最后,他们没有办法,只好向罗勃叔叔借了 500 元。

迪斯尼和洛衣在 1923 年 10 月 16 日和温克勒小姐签订了一份合约,爱丽丝喜剧的发行权由温克勒小姐购得,前 6 部影片每部为 1500 元,后 6 部则是 1800 元,另外还有 2 套则以后再商量。

迪斯尼告诉这位发行人,这套的第一部影片,现在已经在制作中。片名已由《爱丽丝海上故事》改为《爱丽丝海上之日》。

第一部影片准时完成,温克勒小姐在圣诞节的第二天发来了一封使人高兴的电报:

《爱丽丝海上之日》今天收到,很满意。

将寄上洛杉矶银行汇票一张,并附有信一封。

收到第一张支票使得迪斯尼兄弟非常兴奋,迪斯尼立刻开始摄制第二部电影《爱丽丝非洲之猎》。

2月份,迪斯尼寄出了影片《爱丽丝鬼屋冒险》。

温克勒小姐对《爱丽丝鬼屋冒险》甚为满意,并把全套影片卖给其他地方的发行人。

迪斯尼制作影片的利润越来越少,有时候则根本没有利润可言,因为迪斯尼每制作一部新喜剧,都要花上更多的钱,迪斯尼于是又多方借钱。

5月下旬,迪斯尼完成了爱丽丝喜剧第一套6部的制作。迪斯尼自己完成了大部分绘制卡通的工作,这种工作极为辛苦,而且要细心。另外,迪斯尼决定聘请乌比来为他绘制卡通。

在温克勒小姐嫁给查乐斯·米兹之后,她就退休了,业务由米兹接管,制片人和发行人之间的关系没有以前那样融洽了。

经过迪斯尼多方游说,最终,乌比答应到加州来了,乌比来了以后,不但提高了爱丽丝喜剧绘制的质量,也加快了制作的速度,但利润还是没有增加。

《爱丽丝荷兰游》在纽约新狄毕开迪里剧院演出了,剧院经理要求再增加些笑话。当增加了爱丽丝影集中的笑话以后,观众和批评家对这些影片的喜爱也大为增加。《电影新闻》、《电影周刊》、《电影世界》纷纷评论说,迪斯尼的每一部卡通,看起来都越来越富有想象力和智慧。

1924年12月,米兹建议每部1800元的价钱,再签订18部爱丽丝影集,并让迪斯尼分享租给剧院放映的利润。到此,迪斯尼兄弟制片厂终于站住了脚。

1925 年 4 月 7 日,洛衣和艾迪娜在罗勃家举行了婚礼。婚礼上,迪斯尼做男傧相,女傧相是一位漂亮的小姐莉莉安·彭德丝。莉莉安是制片厂一名上色员。

迪斯尼由于太集中精神忙他的工作,开始根本没有注意这位新来的上色员。自从他为办理制片厂的事务买了一辆福特车后,他经常开车顺便送女孩子们回家,才渐渐注意到莉莉安。

从此,迪斯尼成了莉莉安家的常客,常常在她家吃饭,有时候迪斯尼也带她到好莱坞大道的茶座去坐坐。后来迪斯尼又买了一辆冷却器上有一个灯的二手货汽车。这样,周末的时候,他和莉莉安就开车到波姆那河岸和其他南加州各城市去游玩。

晚上,他们开车到哥伦德尔或好莱坞的戏院,观看其他公司的卡通影片,看完之后,迪斯尼就研究那些片子的优点和缺点。

迪斯尼在洛衣和艾迪娜结婚后不久,就向莉莉安求婚了。

1925 年 7 月 13 日,迪斯尼在他叔叔家举行了婚礼。从那以后,只有工作很忙碌的时候,莉莉安才到制片厂工作。

1925 年 7 月 6 日,迪斯尼和洛衣在赫伯龙大道买了一块地,准备建造一座更大的制片厂。

1926 年,新制片厂建成了,改名为"沃尔特·迪斯尼制片厂"。

到 1926 年底,爱丽丝喜剧已出了两年了,人们对这些喜剧的欢迎程度也慢慢降低了。环球影片公司的创立人卡尔·雷姆尔曾经向米兹表示,要一套以一只兔子为明星的影集。

于是米兹太太便向她丈夫建议,或许沃尔特·迪斯尼可以制出这套影片来代替爱丽丝。果然,迪斯尼对这套影片极感兴趣,并把他用铅笔绘制的一批兔子的草图寄给米兹。

环球影片公司对迪斯尼所设计的图样很感兴趣,于是迪斯尼公司就获准制作这一套影片的第一部。米兹把这一套影集取名为《幸运兔子奥斯华》。

1927年4月初,迪斯尼和他的工作人员在仓促之下设计了一个剧情——生了过多儿女的兔子爸爸,并出了第一集《可怜的爸爸》。但是影片上映后,纽约环球影片交易所评委会对此却很不满意。

迪斯尼并没有为此灰心丧气,毕竟《幸运兔子奥斯华》是迪斯尼尝试制作完全卡通影片的第一部,这部影片使得这位年轻的制片人学到了重要的知识。他以前凭直觉感觉到的看法得到了证实:卡通片中,一位强烈而又吸引人的中心角色是不可缺少的;而且也需要一个好的故事主线,但布局太复杂也可能破坏使人发笑的效果。

没过多久,迪斯尼寄出了第三部奥斯华,幸运兔子奥斯华的形象终于使迪斯尼满意了。

奥斯华合约定于次年2月结束。一方面为了旅行,另一方面为了同米兹和环球公司洽谈新的业务,1928年2月,迪斯尼决定带莉莉安到纽约去。

在动身以前，乌比告诉迪斯尼情况可能不妙。米兹的内弟乔治·温克勒每次到制片厂来，并不是单纯地取影片和海报，可能还抱有其他的目的，因为他多次秘密地和厂内其他的卡通绘制员谈话。

迪斯尼当时并没有把这些话记在心上，仍然很愉快地去了纽约。米兹夫妇很热情地接待了他们，并请他们在亚士都饭店吃中饭。虽然他们热情，但迪斯尼感觉出在米兹的和善之中带有一丝虚假。

席间，《电影日报》编辑杰克·阿里科来到他们桌上与米兹夫妇打招呼，米兹把他介绍给迪斯尼。"奥斯华影集——啊，是的"，阿里科说，"我听说很好，尤其是收入更好。"迪斯尼听了此言很开心，但他发现米兹似乎面露不安之色。

有关奥斯华影片新合约的商谈一开始，迪斯尼就要求由于影片的成功，片酬应由每部的 2250 元提高到 2500 元。但是米兹却平静而一本正经地表示只给他 1800 元，另外，他还警告迪斯尼说他将利用迪斯尼自己的工作人员来做！

迪斯尼感到很震惊。他不知道是米兹以卑鄙的手段挖走他的卡通画家，还是他从堪萨斯市一手教起的兄弟背弃了他去为米兹工作。然后他马上赶回旅馆，用电话把这个爆炸性消息告诉了洛衣。

洛衣调查了一番，发现除了乌比之外，几乎所有的卡通画家都和米兹有了密约。

米兹以为迪斯尼没有选择的余地了，于是他打出一张王牌：根据合约，奥斯华片集是环球影片公司的财产，而不是迪斯尼的。

迪斯尼伤心透了,他所辛勤创造出来的有价值的东西却不归他所有。当他把这件事告诉莉莉安时,他发誓说:"我永远不会再为别人做事了。"

出于一种"同情"心,米兹又提出了另一项建议:他支付每部影片的制作费用,提供制片厂人员的薪水,以及分享50%的利润。

迪斯尼根本没有接受这项建议的意思,但他要求给一点儿考虑的时间。因为他希望利用这点时间来说服环球公司的负责人出面干涉这件事。"请给我们一次机会吧!"他请求他们,但是环球公司还是站在米兹一边。

迪斯尼告诉洛衣他正在旅馆的房间里等环球公司的电话,希望"他们会利用这个讨便宜的机会,向米兹公开表示他们要直接和我们打交道。但我想这或许有点奢求了,不过,我真的觉得一切都会好转的。我总是相信凡事必定是好事"。

但是,一切努力都是徒然!最后,他们只有承认失败。迪斯尼最后一次到米兹的办公室去告诉他没有办法接受他的条件,米兹可以持有奥斯华影片。

出乎意料,迪斯尼没有表现出怨恨的态度。他只是忠告米兹说:"你小心一点。我的人员既然会背叛我,他们也会背叛你的。"

沉浸在胜利之中的米兹根本没有想过奥斯华影片会从自己手里被夺走,但之后的事实确是如此。迪斯尼和莉莉安满怀悲伤地乘长途火车回家了。

◉ 米老鼠的诞生

1928 年 3 月,迪斯尼和洛衣已经打算绘制一套新的片集,但他们却面临着怎么着手的问题。因为那些投靠米兹的画家要等到 6 月才离开,而且还有 3 部奥斯华片集必须摄制。

兄弟俩根据林白刚刚单机横越大西洋的故事,构思了一个故事大纲。名字叫《疯狂飞机》。

《疯狂飞机》拍完后,并定于 1928 年 5 月 10 日在好莱坞日落大道电影院试演。试演虽然没有引起轰动,但反应也不错,迪斯尼信心大增,立刻开始摄制米老鼠的第二部短片《骑快马的高卓人》。

1928 年 9 月,迪斯尼带着影片和乐谱,怀着无限的信心来到了纽约。并且要乌比着手摄制第四部米老鼠卡通片《谷仓之舞》。

1928 年 11 月 18 日,《汽船威利》在侨民影院上演,轰动的情形正如迪斯尼所梦想的那样。

每晚,迪斯尼都站在戏院的后排,看着观众所表现的狂热。许多电影公司也开始打电话来邀请迪斯尼去谈生意。迪斯尼此时对前途充满了信心,马上写信给史塔林,要他到纽约来,要他着手为《疯狂飞机》和《骑快马的高卓人》写乐谱。和每个发行人谈判的结果都是一样的。他们问拍摄米老鼠一个星期需要多少钱。迪斯尼答复他们,他有自己的制片厂,要保持独立,不要按期付给他钱。

他们又说要雇用他,每个星期付给他钱,或者答应把影片一次卖掉。迪斯尼不同意,他必须拥有自己的卡通影片,但发行人说不干。

"我同意你的做法，"包维斯说，"你应该保持独立，我愿意帮助你。我需要推销电影声，而你的米老鼠也可以帮我推销……"

迪斯尼同意了。当洛衣看到合约条款中规定的包维斯要求在使用电影声装置的10年内要付给他26000元时，非常生气，和迪斯尼吵了起来。但迪斯尼说："那有什么关系？我需要用这些设备。"包维斯把录音装备运到了赫伯龙制片厂，迪斯尼就着手摄制米老鼠有声卡通片。

这时，制片厂中的工作人员也增加了，但主要还是以乌比为主。

到1929年，观众对米老鼠的喜爱已达到狂热程度。电影观众的口头禅是："什么！不演米老鼠？"

这时候迪斯尼公司外表看起来很富裕了，但其实不然，因为迪斯尼坚持要提高质量，以致每部卡通的成本高达5000元。迪斯尼期望从包维斯那里得到的收入来支付支出，但几个星期过去了支票还是没有汇来。为此洛衣跑了一趟纽约，但仍不得要领，只对迪斯尼说："那家伙是个骗子！"

迪斯尼请了过去曾为墨西哥革命英雄维拉做顾问的更塞·雷辛当法律顾问。1930年1月，迪斯尼、莉莉安和雷辛去纽约找包维斯谈判。开始迪斯尼一个人去参加了谈判。包维斯说："他只推销电影声，米老鼠的成功只不过是他的副产品,他对米老鼠影片并不重视。"不过尽管如此,他还极希望在一年合约后续约。迪斯尼提出,要谈续约,必须要先清理旧账。

包维斯说他有把握叫他续约,接着他给迪斯尼看一封包维斯在西海岸的亲信打来的电报,说乌比已和包维斯签了约,为他摄制新卡通片集,由他每个星期付给乌比300元。

迪斯尼不相信与他一起辛苦创业的乌比也会背叛他。乌比曾将他薪水的一部分投到迪斯尼的公司,拥有公司的20%的股份。

迪斯尼回到旅馆,通过电话证实乌比确实要离职。

后来雷辛和乌比谈判,解除了乌比和迪斯尼的合约,并把他的20%的股份折合成2920元给了他。

迪斯尼和雷辛讨论了他们的下一步对策,决定要看包维斯的账簿。但包维斯说:"你要看账簿的话,必须先和我签约。"并且威胁迪斯尼,如果不签约,就去法院告他。

打官司要花费时间和金钱,迪斯尼两样都担负不起,于是跟洛衣商量,决定不与包维斯谈了。迪斯尼必须另找发行公司。这一次和以前不同了,每家大公司都热烈地欢迎他,但是因包维斯放出消息,说谁要和迪斯尼签约就去告他,所以像米高梅公司都不敢和他签约。

但哥伦比亚公司却不那么胆小。该公司创立人是好胜的哈利·柯思,那时候他正踌躇满志,想成为大制片人。他以每部卡通 7000 元先付款和迪斯尼订约。

更为重要的是,他愿意提供 2500 元供迪斯尼打官司。包维斯自认不敢,建议迪斯尼付给他 10 万元,他就放手所制的 21 部卡通影片。迪斯尼明知道包维斯这个骗子欠他更多的钱,但是为了获得控制影片的权利,只好认了。迪斯尼向哥伦比亚公司借了 5 万元,结束了和包维斯的交易。

1933 年出品的影片《三只小猪》,使迪斯尼的卡通片事业又向前跨了一大步。

卡通片《三只小猪》获得了空前的成功。联艺公司要求他们继续制作关于小猪的影片,洛衣不顾迪斯尼的反对,答应了联艺公司的要求,又制作了《大坏狼》、《三只小狼》和《实干的小猪》,但都不及《三只小猪》轰动,对此,迪斯尼风趣地说:"你不能以猪胜猪。"

1932 年 11 月,迪斯尼因制作了《花与树》,获得了电影艺术科学院第一次为卡通片颁发的金像奖,同时,米老鼠获得了特别奖。从此,迪斯尼的成就得到了政府的承认。

1933 年 12 月 18 日,也就是迪斯尼 32 岁生日后的第 13 天,莉莉安生了一个可爱的小女孩,取名戴安妮·玛丽·迪斯尼。

在此之前不久,他们刚搬进了一所带有游泳池的漂亮的新房子。

◉ 《白雪公主》

1934 年,迪斯尼选择了《白雪公主》作为他第一部卡通长片。这是因为这个故事最适宜于摄制成卡通长片,它有着受人喜爱的英雄和公主,有邪恶的坏人,有小矮人可以表现出人类的同情心和滑稽动作,最重要的,是这个民间故事可以深深地打动人们的心灵。

白雪公主的外型是按照一位 14 岁的女孩子的模样描绘的,王子则是以一位 18 岁的男孩子做模特儿。但迪斯尼发现要定出 7 个小矮人的形象来很困难,他于是按照他们的特点先定出名字来,列出了一个单子,但第 7 个却一时想不出名字。

《白雪公主》于 1937 年 12 月 21 日在美国洛杉矶哥特圆环戏院首演,获得了很大的成功。

《白雪公主》三个星期内打破了无线电城音乐厅票房的所有纪录。7 个小矮人,尤其是"笨瓜",立刻成为大众喜爱的偶像。电影中的歌曲,尤其是"嘿嗬,我们上工去"和"工作中吹口哨",更是每家电台都在广播。

《白雪公主》发行 6 个月就帮助迪斯尼兄弟还清了债务,而且,《白雪公主》使他获得了一座特别的金像奖——一个带有 7 个小矮人的金像。

1938 年元旦是迪斯尼家的大喜日子,是母亲和父亲的金婚纪念日,他们的儿子都聚集来为他们庆祝。

在此之前不久,迪斯尼和洛衣在好莱坞靠近洛衣住的地方花了 8300 元买了一幢平房。

可是,老迪斯尼夫妇搬到新房子后不到一个月,母亲因炉子漏气窒息而死。迪斯尼为此遗憾终生,因为她是死在洛衣和自己为他们买的房子里的。

《白雪公主》广受欢迎，发行人为此要求迪斯尼弄些矮人的卡通，但迪斯尼不愿意重复，于是又创作了三部内容和风格都完全不同的卡通影片。

第一部是《木偶奇遇记》。这是一个以木偶和歹徒为题材的故事，是罗兰西尼1880年所写的，看起来很适合摄制成卡通影片，而且迪斯尼企图把它摄制得比《白雪公主》还要好。

第二部是《幻想曲》。第三部是《小鹿班比》。《小鹿班比》是最后发行的，虽然三部卡通是同时开始摄制的。这个故事描写了一只小鹿在森林中长大的经历，它和其他的卡通不同，它比《白雪公主》和《木偶奇遇记》要严肃，而且角色全是动物。这个故事很适合于摄制卡通长片，也只有利用卡通，才能把这个故事完美地表现出来。

1939年9月，第二次世界大战打响了，迪斯尼制片公司的兴旺也随之而告终。

《木偶奇遇记》于1940年2月上演，很自然地，观众都拿《白雪公主》与它比较，虽然迪斯尼深信《木偶奇遇记》更具有艺术成就，但观众对《木偶奇遇记》里的角色的喜爱程度不如《白雪公主》。

收入虽然还算可以，但却不能弥补摄制所耗的极高成本。

1940年11月13日，《幻想曲》在纽约的百老汇戏院首演。观众反应倒还不错,影评家都称赞《幻想曲》的创新,而古典音乐家则表示瞧不起。

这部花了 228 万拍成的电影,结果比《木偶奇遇记》赔得更惨。迪斯尼开始意识到他应该收敛一下他制作卡通长片的野心了,于是他开始以较实际的成本拍摄另外两部影片,当时,《小鹿班比》还在慢慢地摄制过程中。这两部片子一部是《被迫而起的巨龙》;另一部是《小飞象》,叙述了一只有大耳朵的小象学习飞行的故事。

● 迪斯尼乐园

第二次世界大战中,迪斯尼为政府工作了四年,他与观众的口味脱了节,而且也掌握不住发展方向。

所以,其他的电影公司,在战争中发了财,而迪斯尼公司的财务状况越来越糟。迪斯尼要重建公司,在他的鼓励下,画家们纷纷回来。

迪斯尼顶着银行压力,想要完成战前停拍却已设计好的《小飞侠》或《爱丽丝梦游仙境》。洛衣不赞成这种做法,争吵之后,迪斯尼放弃了自己的做法。

他用流行音乐拍了许多音乐短片,然后把这些音乐短片合成了一部长片——《使我的成为音乐》。

为了解决成本过高的问题,迪斯尼只好在原本要拍成卡通长片的《南方之歌》中安插了真人。由此,他又找到了一个新的发展方向,其转折性影片就是《南方之歌》。

迪斯尼和工作人员们一起克服了技术上的重重困难,摄制成了有 70% 真人戏、30% 卡通的《南方之歌》。其成本为

212.5 万元,而利润只有 22.6 万元。但在亚特兰大城首映时,其轰动不亚于《乱世佳人》。主角赢得了特别奖,其中的主题歌获得 1964 年金像奖。

有一次,迪斯尼突然想到:战时有士兵驻在阿拉斯加,战后他们又定居在那儿,这块唯一没有开发的地方,正是拍摄的好地方。迪斯尼的一次飞行经历,更加深了他对阿拉斯加的感情。

那次他带休伦应朋友之邀去阿拉斯加旅行。肯特尔是他们的最后一站,那儿是爱斯基摩人的村庄。飞机起飞不久,无线电就失去联系,天气不好,云层很密,飞行员找不到飞机场。就这样,只需半小时的飞行,可过了两小时后他们还在云层上转圈。飞机燃料快没有了,无可奈何的他们只好决定降落,着陆地正好是肯特尔。

激动万分的迪斯尼后来说,自己也分不清是跌下去还是趴下去亲吻那片土地的,太险了。从此,阿拉斯加那一望无垠的森林、那晶莹的冰河、那险峻的山峰,尤其是海豹的有趣的生活大大地吸引了迪斯尼。迪斯尼认为米罗特夫妇花了两季在普利比洛夫群岛拍摄的海豹生活,将会有很高的票房价值。

迪斯尼一直在酝酿那些有关阿拉斯加的影片,他对沙甫斯汀说:"我们可以剪辑出一部关于海豹生活的影片。"

剪辑出的片子被定名为《海豹岛》。RKO 公司嫌 27 分钟放映时间短而不愿推销,迪斯尼就直接斥之于观众。帕沙第纳市皇冠戏院上演了《海豹岛》和另一部影片。RKO 见《海豹岛》的成功被观众证实,决定帮助推销。他们发现这种半小时的影片也可以赚钱。

从 1950 年开始,迪斯尼的运气开始好转了,继《海豹岛》之后的《水獭村》反映更好,赚了不少钱。到 1950 年底,只剩下 170 万元的银行债款了。

继《仙迹奇缘》之后,迪斯尼虽然对《爱丽丝梦游仙境》没有信心,但还是摄制了,结果赔了 100 万;《小飞侠》也继之而出。

迪斯尼的第二部真人电影《罗宾汉》1951 年夏天在美国摄制。

1950 年,已做了 25 年卡通影片制片人的迪斯尼以其越来越超群的才华,摄制出各种类型的影片。

《罗布·罗依》和《剑与玫瑰》是迪斯尼在英国拍的两部冒险片。他还想在好莱坞制片厂拍另外两部片子,它们是颇受他喜欢的《海浪涛涛伏海妖》和《火车头大追逐》。前一部根据法国作家威恩有关原子能、潜水艇、潜水衣的幻想小说改编的。他又根据一件发生在南北战争时的事改编出了《罗布·罗衣》。在此片中,迪斯尼可以有机会玩火车了。

越来越扩大的创建乐园的构想,使迪斯尼每去欧洲或在国内旅行,都有户外参观活动,各地动物园更是他必去的地方。

洛衣强烈反对乐园计划。迪斯尼不得不用自己的钱来支持这个计划,他甚至从他的人寿保险中抽出 10 万元。他请了一组人员帮助他设计,第一位是哈泼·戈夫。

迪斯尼不但收集小东西,还收养小动物。他对欧洲矮种撒丁尼亚驴入了迷,买了 4 头带回制片厂,又为娱乐公园请来了专门训兽师俄温·泼甫夫妇。

1952 年 12 月,迪斯尼为这个定名为迪斯尼乐园的公园组织了一个沃尔特·迪斯尼公司。因怕那些迪斯尼电影公司的股东反对用沃尔特·迪斯尼这名字,又改新公司名为 WED 公司,总经理迪斯尼,副总经理比尔·柯特瑞。

迪斯尼设想的迪斯尼乐园占地很广,再者博班克市政府不合作,用制片厂对街三角形空地建造娱乐公司的计划不能实现了。

洛衣认为银行不会借钱给迪斯尼搞"乐园",因欠银行的债已很多了。但迪斯尼并不气馁。

1954 年初,迪斯尼改组了 3 年前成立的"迪斯尼乐园公司"。沃尔特·迪斯尼机构和美国广播公司各投资 50 万,持有34.48%的股份,西方印刷公司投资 20 万,持有 13.79% 的股份。迪斯尼投资 25 万。获得 17.25% 的股份。

1954 年 4 月 2 日,"迪斯尼乐园"和制作电视节目的计划宣告完成,电视节目将在 1954 年 10 月开播,乐园在 1955 年 7 月开放。

乐园地址几经研究、调查,终于选在正在建造的圣安娜高速公路附近的一个占地 160 英亩的橘园。

初步估计投资为 1100 万美元。迪斯尼乐园的原有计划有了变更:动物改成机械做的,放弃了"小人国乐园"。

乐园以颜色和建筑物的变化使得各游乐区之间有一定的连贯性,使游客自然地产生玩下去的兴趣。这是迪斯尼从摄制卡通片中得出的经验。

1954 年 9 月,即距离开放时间只有 9 个月时,"迪斯尼乐园"才破土动工。

1954 年 10 月 27 日电视节目开播,有关迪斯尼乐园的进展情况在两次节目中播放。节目中还演出了《海中作业》,报告了《海浪涛涛伏海妖》的摄制经过。这个节目获得了电视艾美奖。

这时候,迪斯尼最担心的是"乐园"的开幕日期日渐迫近。到了 1955 年 1 月 1 日,有些地方的工作没有做好,似乎只能暂不开放了,"未来乐园"的进度尤其落后,但迪斯尼还是坚持要全园开放。他对手下的工作人员说:"你们尽量努力干吧,差一点的地方我们在开放以后再加强。"

乐园恰好在迪斯尼和莉莉安结婚 30 周年纪念日竣工。他们发出了请帖,邀请了 300 人来参加"光阴似箭庆祝会"。

7 个星期过去了,共有 100 万游客到过迪斯尼乐园,比预计人数多出 50%,收入也比预计超出 30%。

1955 年 9 月 14 日,迪斯尼乐园电视影集在美国广播公司进行第 2 季度的播映,推出了《邓波儿》影集,这部影集成了全美收视率最高的节目。10 月 3 日,迪斯尼又提出了新的设想,决定推出儿童节目《米老鼠俱乐部》。

这部节目是迪斯尼第一次专为儿童设计的,他几乎是把全部的技术都投入到其中了。节目包括新闻片和《米老鼠》、《唐老鸭》卡通,新闻片负责报道其他国家的儿童活动,卡通片根据儿童故事改编制作的,由 24 位极有天才的童星串联成"老鼠帮"来演出的。

《米老鼠俱乐部》空前地受到观众的欢迎。从星期一到星期五,在 5 点到 6 点的播出时间里,全美国有 3/4 的观众静静地坐在家中观看,不仅儿童,连大人都会唱《米老鼠俱乐部》歌,"老鼠帮"所戴的老鼠耳朵帽子一天就能卖出 24000 顶,200 项其他物品交给 75 家厂商制造出售,24 名"老鼠帮"都成了家喻户晓的明星。

美国广播公司开了为儿童设计节目的先例,因此大赚了一笔,光广告费就收了 1500 万元。迪斯尼机构从美国广播公司收到 250 万~500 万元,这是制作成本的一半,另靠出售物品达到收支平衡。

《米老鼠俱乐部》也有自己的收获,但好景不长,20 世纪 50 年代中期,卡通短片已经不赚钱了,迪斯尼一年只拍摄 6 部。新的一代,本来不知道"米老鼠"、"唐老鸭"和迪斯尼乐园的其他卡通明星,但从电视里,得知观看卡通影片的人比观看电影

的人还多,渐渐地,米老鼠在民间的英雄地位又重新得以承认。

在好莱坞奋斗了30年,迪斯尼不仅获得了成功,而且远远超出了他的梦想,他一连摄制的4部电影全都轰动一时,2部电视片影响力深远,弥补了赚钱不多的不足。

迪斯尼乐园开放后的5年中,机构得到显著扩张。

1961年4月25日,迪斯尼和洛衣庆祝公司成立以来的一件大事:他们欠美国银行的钱终于还清了。

◉ 迪斯尼世界

现在迪斯尼已经60岁了。工作越来越忙,他的脾气越来越暴躁了,事情没有做好他会不耐烦,有些人提出来不必要的问题或没按照他的设想把事情办好,他会毫不客气地对他们发火、指责。

1964年,迪斯尼摄制了最成功的影片《欢乐满人间》。8月27日在好莱坞中国戏院首演时,受到观众热烈称赞,影评也一致叫好。第一次发行赚了4400万,更让迪斯尼高兴的是它荣获了金像奖13项提名,特别是女主角朱莉·安德鲁斯获最佳女主角提名。

他的创作可以说是无所不及。从新的动画片《森林的故事》、迪斯尼乐园新增的"鬼屋"到音乐片《最快乐的百万富翁》等。他甚至还自己动手写了一个电影剧本,叫做《克鲁索海军中尉》。

到迪斯尼乐园开业后的第 10 年时,游玩点已经由原来的 22 个增加到 47 个,资本由 1700 万元增为 4800 万元,游客共计有 4200 万人次。

荣誉源源不断地落到迪斯尼身上。足以使他引以为自豪的是 1964 年 9 月 14 日,约翰逊总统在白宫授予他的自由勋章,这是平民所能得到的最高勋章。

颂词上说:"作为一名艺术家,沃尔特·迪斯尼在娱乐方面,已经创造出了一个美国民间的奇迹。"

迪斯尼原来反对再建一座迪斯尼乐园,但他看到 WED 公司的技术和组织成熟以后,他反对的决心也就减弱了。但他想可以建一座比乐园更好的东西。他的计划变得宏大了,要建一座城市。

1958 年,他开始在美国东部寻找合适的地方。经过多方面的调查,最后选中了佛罗里达州的奥兰多。

在后来的计划中,因为乐园部分的建设已有范例了,又加上有大量人才,迪斯尼就很少过问了。迪斯尼关注的中心在于整体的构想和未来城市的设计。

未来城市的设计,是一项很艰巨的工作,花费了大量心血。迪斯尼要把每项科学进步的项目都体现在这个城市里。询问信寄给了 500 多家公司,又派人访问了 100 多家工厂、研究中心和基金会。

1966 年元旦,迪斯尼出现在屏幕上,有千万名观众见到了他,他正在帕沙第纳的玫瑰花游行比赛中担任大元帅。

1966 年 10 月初,迪斯尼参加"迪斯尼世界"计划会议。

他带去了一张诱人的草图,上面有:公园、旅馆、湖泊、露营区和汽车旅馆、游客汽车营地、主要人口、飞机场、工业区人口。还有一条说明：卡通行驶道路在单轨道下面。

10月，他接受了一位记者的采访。他说："迪斯尼世界将是未来城市应该有的样子，要能够满足市民的各种需要。这将是一个有计划、有管制的社区，一个显示美国工业和研究、学校、文化和教育机会的橱窗。在这个城市里，绝对没有贫民窟，因为我们不让他出现。绝对没有地主，因此也没有股票控制权。"

"市民只能租房子，不能买房子，但租金便宜。这里没有退休的人，每一个都必须工作。我们的一个要求是，住在里面的人必须要保持这个城市的活力。"

10月29日，迪斯尼飞到威廉斯堡，接受美国森林协会的奖章，奖励他对美国资源的保护。等回到加州时，他的健康状况急剧恶化。11月2日星期三，他进圣约瑟医院检查，X光透视发现他左肺有核桃大的阴影。医生决定：必须马上手术！

星期天，他自己开车到圣约瑟医院。

手术定在星期一早晨。迪斯尼安慰大家不要紧张，叮嘱莉莉安不要到医院来，但戴安妮坚持要守在医院，于是她和莉莉安、休伦3个人等在手术室外，紧张地盼望迪斯尼出来。医生出来了，表情严肃地告诉3位女士："他只能活6个月到1年。"

12月5日，是迪斯尼的65岁生日，但已不能举行任何庆祝活动了。

12月4日下午,莉莉安到医院看他,她打电话告诉戴安妮:"他好多了。他起床了,一再地拥抱我,而且力气不小。他会好的,我知道他会好!"莉莉安感到非常高兴,她想又能看到迪斯尼康复了。

然而,第二天早晨9点35分,迪斯尼就由于循环系统衰竭而长眠不醒了。

他的朋友、前总统艾森豪威尔说:"在全世界,他受各方的欢迎,他的影响遍及五大洲,因为他触及全人类的心灵。像他这样的人,我们要等待很久很久才会出现。"

当时的约翰逊总统从白宫写了一封信给莉莉安,以示哀悼:"这位受人喜爱的艺术家去世了,这是我们全美国和全世界为之伤心的日子。在您丈夫光华的照耀之下,千千万万的人们享受到了一种更光明、更快乐的生活:他所创造的真、美、欢乐是永世不朽的。希望这一点能使您稍微感到宽慰。沃尔特·迪斯尼创造的奇迹,比生命的奇迹更伟大,他留给我们的珍贵遗产将流芳万世,使世世代代都从中得到欢乐和启示。"

第四章

经营管理之"神"松下幸之助

◉ 早年的奋斗

1894 年 11 月 27 日,被誉为世界经营之神的松下幸之助出生在日本和歌山县和佐村。

松下幸之助童年时代的曲折太多,生活极不安定。他的父亲松下正楠原是务农的,松下幸之助排行老三。他的家在村子里算是一家老住户,过着自由自在、丰衣足食的生活。

1899 年父亲做稻米生意失败,倾家荡产,致使全家陷入困境。别人家的孩子正在无忧无虑吃喝玩乐的时候,他却在小学四年级的时候就不得不辍学,离开故乡,到大阪宫田火盆店去做店员。

此时他未满 9 岁,他的父亲早他一步先到大阪谋事,这个店员的工作,便是他父亲替他找到的。一年以后,宫田火盆关闭,由店主人介绍,松下进入大阪五代脚踏车店继续做店员。

1908 年,东京三越百货公司新建大楼完成的时候,该公司派遣年轻店员,穿着最漂亮的制服,骑上脚踏车满街兜风送货,曾经使街上行人驻足观望,传遍全城。

松下幸之助就在这样人人羡慕、算做高级商品的脚踏车店服务,由早晚打扫、收拾柜台开始,渐渐担任修理或贩卖的工作。因此,他对从事脚踏车这一行业的知识、技术、经验,日有进展,获益甚多。

此时,松下幸之助最引以为幸运的事,是他的主人对他特别关爱。老板在经商方面卓有能力,且品德高尚;老板娘亦为人贤淑,容易相处。松下幸之助正在少年时代,少年人总是"近朱者赤,近墨者黑",毫无疑问会受到环境及他人的影响。他每天和这般令人尊敬的主人在一起,熏陶感染,久而久之自然学得若干优良品质。

他在这个时期,得到的磨练良好品性的机会,实在是他后来事业成功的一项重要因素。

到五代脚踏车店来的客人,常差他去买香烟。当时松下幸之助心想:"每天有人托我买香烟,要一次一次地跑出去零购,该多麻烦!这不如一次多买一些存放在身边,每当有人托我买烟的时候便拿出一盒卖给他,自己可以节省气力和时间,客人也可在转瞬之间就得到烟吸,并且一次买 20 盒,还能多得一盒的便宜,自己借机还可以赚一点钱。"他想到即办,为此人们都佩服他头脑聪敏。

当时有一个颇具才干的男孩子，和他一起工作，主人对此少年也很喜欢。有一天，这个男孩偷了一笔钱被主人发觉，主人慈悲为怀，加上该男孩平日工作成绩良好，主人想训诫他一顿便算了。

可是松下幸之助立刻对主人说："老板！你那样做是不对的，叫我和偷钱的人在一起工作，我是无法忍耐下去的，假如你不把他革职，我倒要告辞了。"他的态度甚为认真，老板无奈，只好照他的话做了。

松下幸之助在少年时期便富有才气和正义感。他具有创造的才智，诚实的天性，在他以后成为一个大企业家的过程中，以各种不同的方式发挥得淋漓尽致，并且始终如一。

当然，松下幸之助在五代脚踏车店服务期间，每天工作并不轻松，为了做一个够格的商人，无论肉体还是精神，一定要付出相当的代价。入该店的第二年，平日对他倍加爱护的父亲突然逝世。在此以前，即1901年4月间，他的大哥、二哥、长姊因患流行性感冒相继去世。

因此，他也成了松下一家的户主。户主的责任意外地落到他肩上，也令他觉得这个包袱实在太沉重了。展望未来，少年人的面颊上几度露出跃跃欲试的光辉。他的身体很孱弱，可是苦难的境遇，把他的意志锻炼得像钢铁一般坚强，他生来外貌柔和，内心却蕴藏着一股大丈夫对任何事都无所畏惧的冲劲。

这样一个少年，五代的老板自然对他怀有好感，并且作为可靠的心腹。他在五代脚踏车店工作，一年比一年获得店主的重视。但是，在入店的第7个年头，即1910年6月，他忽然下定决心辞职，而想要进入与脚踏车没有直接关系的别的行业里去，希望发现一个新的、更有意义的生活环境。

松下幸之助从五代脚踏车店辞职以后,立即向大阪电灯公司申请找事做,不巧的是,此时该公司没有空位,让他等待补缺,延迟数月之久。

何时进入大阪电灯公司工作,松下幸之助无法预料,于是由在樱花水泥公司供职的一位亲戚介绍,也进入该水泥公司充任临时搬运工。

做了三个多月极不习惯的临时搬运工工作,当他对此职务驾轻就熟,能够应付自如之际,忽有人送来一纸通知:"大阪电灯公司'幸街营业所'屋内配线股已出空位,希望来补缺!"

松下幸之助进入大阪电灯公司,只是室内安装电线的练习工,换句话说,就是担任室内装设电线工人的助手。

松下幸之助于是辞掉水泥公司的临时搬运工工作,摆脱这一艰苦生活,而进入他所期望的电灯公司服务,自然对这新职业格外用心,发奋去做。

虽然他每天手拉装满器物的小车,各处巡走,这一职务并不轻松,但这些都不能降低他的兴趣。因为他能天天有机会访问大阪街头的各式各样的用户,获得人们的好感与尊敬,看在眼里,乐在心头,使他对工作非常满意。

也许他生来就富有技艺的才能,再加上对工作发生兴趣,所以做了不久,即露出显著的进步。进入"幸街营业所"工作三个月之后,该公司增设"高津营业所",并让他担任安装电线工程的领班,这确实是破格升迁。

这时他才 18 岁,每天率领比他年长的练习工们,到各用户巡视、做工,在助手们的帮助下,他得以尽量发挥技术的天分,工作做得确实比别人漂亮,被人所称赞。

在松下幸之助 20 岁那年春季,他进入关西商工学校夜间部深造,希望学到一些有关电灯的知识。

1915 年春,松下幸之助接受与他相依为命的胞姐的劝告,同井植梅之小姐相亲,俩人情投意合,遂即商定结婚。

结婚后不到两年期间,即 1917 年,他被擢升为一般工程人员所羡慕、所争取的检查员职位。此时他 24 岁,在大阪电灯公司内部,算是最年轻的检查员。

检查员虽然责任重大,却比一般工程人员清闲。每天上午巡视 15 家到 20 家工程情况,工作两三个小时即可回到公司。下午检查员们聚集一起,闲谈聊天,以消磨时光。

工作如此轻松,因此所有工程人员无不以升任检查员为唯一志愿,都对此职位羡慕万分。可是,松下幸之助时常觉得,一个人应该每天多做工作,与其空闲不如忙碌,忙碌的人生,才有冲劲,才有意义。像这样悠闲自在的检查员生活,反倒使他不仅缺少兴致,有时还觉得空虚、难过。

松下幸之助平日身体孱弱,却能支撑得了忙碌的生活,现在工作清闲,日有余暇,倒令他生活失常,心情烦躁,竟招致一场肺炎。医生劝他要静养一个月才能痊愈。

由于患病请假,薪俸停给,生活费用无处筹措,他迫不得已以带病之躯,勉强继续上班,每天身体发烧,渐渐衰弱下去。此时他脑子里萌发了一个新的念头,那就是自己设厂制造改良型电灯灯头。

他开始尝试把电灯灯头改良得简单好用些。他几度试制之后,终告成功。这种改良品种用起来特别便利,他以充满自信的心情,带着这种实验品,去向顶头上司说明各种优点,没想到这位顶头上司反应冷淡,未加理睬。

但是,他并未因此而灰心丧气。他于1916年10月3日,向日本标准局申请专利,翌年1月24日,该局批准登记,并颁给专利许可证。

半年之后,他辞掉检查员的职位,决心另图发展。此时,他拟定的初步计划,就是制造改良型的电灯灯头。

他自立创办事业而制造电灯灯头,此一决心和勇气,真是不寻常。不过由外人来看他的现实条件,未免心寒。首先要指出的是创业资金缺乏,连买一台机械都有困难。其次比资金不足还要严重的问题是制造技术太差。

松下幸之助在大阪电灯公司服务期间,虽然始终从事于工程方面的工作,但他本身对于制造产品完全是门外汉。现在创办事业,曾表示要帮他忙的,有大阪电灯公司两位老同事森田延次郎和林伊三郎,这两位先生也没有制造方面的知识与经验,并不比他高明多少。

资金不足,技术不精,在这样令人无法想象的恶劣条件下,居然开始制造电灯灯头。创办人当然为松下夫妇俩人,助手是他公司的两位同事,森田延次郎和林伊三郎,此外还有由国民小学才毕业的井植岁男,他是松下幸之助的内弟,特从故乡兵库县淡路岛被招呼来工作。

松下幸之助决定生产新型灯头,并率先着手研制改良灯头的外壳,可是,他们努力工作几十天后,仍得不到满意的结果。

正处在这紧要关头,有一位像天神一样的大恩人在他们面前出现了。

这人从前也服务于大阪电灯公司,和松下幸之助有同事之谊。松下幸之助受这位先生的指点,才明白了制造灯头外壳所用原料的调合方法,使有关改良灯头的制造计划,得以迅速推行。在同年 11 月中旬,生产步入正轨,并有少量产品问世。

产品出厂以后,第二个难关是如何推销。他们几乎一无所知。

连适当的批发价格如何制订,也茫然不知!在不得已的情况下,派森田廷次郎手持样品,走遍大街小巷,遍访大阪市内的灯具商店,推销这种新制品,月底结账,自然令人沮丧。

独立创办事业,制造新型灯头,一晃 4 个月过去了。结果令人失望,成问题的是大家如何维持生活。

松下幸之助在此时期,对制造新型灯头尚无停止念头。

他想再进一步改善产品,并亲自出马负责销售,以实现最初的主张。不过以目前的营业收入,实在无法担负两位同僚的生活费用。于是大家商议,林伊三郎在 3 月里先行离去,又回到大阪电灯公司做事,森田廷次郎也另外找安身之处。

在 1917 年 1918 年发生的事,可以说是松下幸之助一生最初创办事业所接受的严重考验。

本来创业资金不足,制造技术知识贫乏。贸然开始生产新型灯头,经过艰苦劳动开工生产,又遭遇棘手的销售问题。赖以维持事业继续存在的营业收入,出现了令人悲观无望的状态。

但是艰苦卓绝的理想,促使他择善固执,并能刻苦钻研,计划周详,果然在 1917 年的年底,有一个意料不到的机会降临,使他的事业峰回路转,重现曙光。

当森田延次郎为松下幸之助推销灯头时,一天偶然拜访大阪市空心街的阿部电器商店。该店主人看见新型灯头的外壳,引起兴趣,他特意去松下幸之助的家庭工厂参观。

几天之后,他向松下电器制造厂订制一件电风扇底座的样品。制造这种底座所用的材料,是与灯头外壳一样的东西。希望订货的是川北电气器具制造厂,而由杉村工业工厂代办代购。阿部电器商店是受杉村工业工厂的委托,从中介绍适当的承办厂家。

恰巧松下幸之助制造改良灯头正在失意,销售业务处于无法打开的状态下,听说川北电气器具制造厂看过样品之后,感到满意,还要继续订购几千个同样的电扇底座,并且不需要任何金属配件。

这件事对当时的松下幸之助来讲，真是喜从天降，幸运绝顶。

松下幸之助经由阿部电器商店介绍，答应川北电气器具制造厂订购电风扇底座的样品之后，赶紧向一工厂定制模型，约一个礼拜工夫造好模型，随后一心一意着手制造，做出样品交予阿部电器商店。该商店感到满意，向他正式签订 1000 个底座的订单，希望于年内交货。

这时，松下电器制造厂规模极小，设备简陋，在两平米多一点的操作场地里，仅有少年井植岁男帮忙，而所要求的电风扇底座又是初次制造的一种东西，松下一家人，苦心经营的状况，不难想象。

但是，松下幸之助生来心灵手巧，在很短的时间内就学会了作业的方法与程序。大约 10 天的光景，交完了全部订货。第二年初，他又接到 2000 个底座的订单。

他独立创业时，本来计划制造新型灯头，后来由于推销失败，业务无法打开，正在进退维谷之际，竟以在生产灯头过程中学得的烧炼灯头外壳的技术，做出了电风扇底座，并且借这根本没有想到的生意，赚了一些钱。在他开办工厂半年之后，事业已有了相当的基础。

不过，尽管电风扇底座销路看好，事业根基稳固，但松下幸之助始终没有忘记他的本来目的是生产和销售电气器具。等到 1918 年，他预料要有大量的电风扇底座订单相继而来，这时下定决心，再一次试制电气

器具。为此,不得不从房屋狭窄、设备简陋的旧宅迁出,另找一处比较理想的地方。

他迁往大阪市大开街,向人租赁一座新建的两层楼房。松下幸之助搬进新居之后,挂上一面"松下电气器具制造厂"的招牌,并以1918年3月7日为他创办事业的纪念日。他在生产电灯灯头、电风扇底座之余,又钻研改良插头获得圆满成功。

松下幸之助并未因制造插头成功而得意自满,常于忙碌工作之余,动脑筋摸索研制新产品。结果,他又发明一种"双灯用插头"。

这种"双灯用插头"在市面上畅销不久,大阪有一家名叫吉田商店的批发商,向松下幸之助申请愿意充任这种产品的总代理商。

但是好景不长,经过四五个月后,生产同样"双灯用插头"的东京一制造厂,因营业不景气,乃采用大幅度减价办法来与松下电器厂竞争。因此,日本全国各地用户找总代理商吉田商店交涉,请求降价。吉田商店遭此棘手问题,苦恼忧郁,对代理业务产生悲观情绪,竟向松下幸之助提出解除合约的要求,松下电器制造厂也为此陷入窘境。

在没有更好的办法之下,松下幸之助以暂时保留保证金为条件,解除和吉田商店的总代理合约,同时自己设法开拓销路。先拜访大阪市内各大批发商,以求了解这一方面的情况,之后发送货物托他们代销。

如此努力奋斗的结果,总

算渡过了危机,松下电器制造厂业务才顺利发展。工厂招牌在大阪商场里信用卓著,松下幸之助个人也渐渐名声大噪。

因为希望事业能进一步扩展,1920 年松下幸之助派遣当时只有 19 岁的内弟井植岁男担任松下电器制造厂东京驻在员。

◉ 加速发展

随着松下电器制造厂的发展,从业员工已达 30 名左右。

恰在这时,日本经济萧条,产销萎缩,劳工运动愈发蓬勃起来。松下幸之助准备制订怎样增进劳资双方亲密关系的方案。

1920 年 3 月,松下幸之助成立了"步一会",使松下电器制造厂的内部体制得以稳固。同年 6 月,他把邻居的空房租过来,作为第二工厂,并且增加了设备。

另一项积极计划是添置电话。

为了打开商品销路,应付大量出货,必须推广市场销售业务,松下幸之助又增派了一人去东京办事。

日本在第一次世界大战之后,经济极度萧条,但松下幸之助的事业,仍在顺利继续发展,而其他许多工厂破产。即使勉强维持经营的,也是苦不堪言。因此他开始有了成为一个企业家的信心和足以克服一切艰难困苦的决心。

松下幸之助不仅事业顺利,并且家庭里又添加喜事,在 1921 年 4 月,大女儿幸子出世。

他采用的积极政策,使事业规模不断扩大。到 1921 年秋季,在大开街的家庭工厂,已是地方狭小,无法扩充。这样下去,实在难以应付用户剧增。

松下幸之助经过一番深思熟虑之后,决定寻找一块建筑空地,正式建设一座大工厂。经过多方筹集,新工厂在预定的7月里如期完成,松下电器制造厂迁入新厂生产。

1922年7月,大开街新工厂开工生产了。

自从创办工厂以来,松下幸之助常以"研制新产品"为契机谋求发展,几乎每月都有与电灯电线发生关系的各种新式电气器具问世。

但这些产品,无论怎样讲,仍要算"电灯改良插头"和"双灯用插头"是主要产品,由销售数字来看,两者所占的比率最大。因需求量年年上升,销售地区从原来以大阪附近为中心,渐渐扩充到东京、名古屋、九州,乃至日本全国。

但是,此时在制造电气器具厂家之中,以东京电气公司的规模最大,所占地位最重要。

而松下电器制造厂的企业规模、生产能量,即使和东京的石渡电器工厂或大阪的常磐商店等中等电气器具制造商比较,也未免稍逊一筹。松下电器制造厂为了迎头赶上,扩大业务,在制造"改良插头"及"双灯用插头"时,认为非得再开发其他新产品不可。

此时,松下幸之助为了制造人人认为重要的锁轮型灯头,正在进退维谷、犹豫不决之际,他同时试制了又一新产品——脚踏车车灯。生产脚踏车车灯,是当时适应市场迫切需要的明智之举。

经过几年的发展,松下幸之助的事业,已经完全走上轨道。

在第一工厂,除制造"电灯改良插头"与"双灯用插头"两大主要产品外,也有其他各种电气器具产出。在1926年又开始制造收音机的零件。另外以专门制造脚踏车车灯而兴建的第二工厂,由于产品交由山本商店独家代销,山本商店经多方努力,销路旺盛。

因需要量增加迅速,致使工厂生产能力呈供不应求之势。

而松下幸之助从其他厂家购进大批真空管,经手销售,也出乎想象地获得极大成效。

此时,松下幸之助的心境渐渐起了变化,在他脑海中不断浮现出一个重要问题,那就是同山本商店之间的交易。山本商店根据双方订立的合约及松下电器制造厂当初提出的一切条件,从事推销业务,竟获得了极为丰硕的成果,这可说是出乎松下幸之助的预料。

松下幸之助念及自己是这一制品的发明人,并且独自创立企业,建设工厂生产这种产品,反而得不到理想的营业利益,心中自然感觉别扭,难以缄默下去。关于山本商店的销售方针或业务政策,松下幸之助准备向他交涉。

松下幸之助从双方的利益出发,几次向山本武信提出他的意见及具体改革方案,然而山本商店完全拒绝了松下幸之助的建设性提案。

面对山本武信的强硬态度,松下不可能再忍气吞声。

随着时间的推移,两家的交易终于到了不得不终止的阶段。

两方几度交涉,山本商店提出条件,他们可以放弃方型车灯总代销的权利,但要松下电器制造厂付出 1 万元日币,作为补偿。

松下幸之助经过深思熟虑之后,还是付给了山本商店 1 万元日币的补偿费。在他的构想之中,最引人注目的有两点:第一,制订国际牌商标;第二,为了推广宣传起见,取出新产品方型车灯 1 万只,不取分文代价送给社会大众试用。

当然没有疑问,国际牌商标以后变成松下电器制造厂所有产品的统一商标。松下电器制造厂名声远扬,这和它的商标有着密不可分的关系。

对于方型车灯等产品的销售,采用试用和广告宣传两种促进畅销的策略,经过一番努力,终获成功。

松下幸之助经营事业的成功,使他名声大噪。凡有关社会公益的事,纷纷前来请他参加。

在 1923 年,他已经被选为地方卫生协会的评议员。1925年底,大阪市区联合会选举议员,他以多数票当选为区议员。

他自从有了长女幸子之后,盼望太太能再生一个男孩子。果然经过 5 年多的时间,又喜得男儿。

他给这个男孩命名为幸一。不料却在 1927 年 2 月,上苍夺走了这条小生命,给松下一家留下不少哀痛!

随着事业的发展,松下幸之助这时已有三处工厂。1928 年秋季,松下幸之助又拟定兴建营业所及一座规模较大的工厂。

具体办法拟定后,又在靠近他住址的大开街二段找到了一块很理想的地皮。

但是资金不够,他只好向银行借款。松下幸之助找到住友银行洽商、通融这笔资金。

在这一年的 10 月,他亲自拜访住友银行西野田支行竹田经理,他将投资兴建新厂的目的,一切详细计划,及所需通融

的资金数目,加以说明,恳求竹田经理帮忙贷款。

竹田经理对于创办企业的松下幸之助本人和他经营的事业,可以说是衷心钦佩,信任有加,也一直愿意从中扶持。两个人谈判一开始,竹田经理即表示这笔大宗贷款,他本人同意。经与总行协议后暂定以新工厂的土地和建筑物为担保,答应给松下电器制造厂贷款,并正式通知松下幸之助。归还借款的期限,定为两年。

但是,松下幸之助暗想以不动产做担保向银行借款,无法承诺。1921年秋天,在建设新工厂的时候,因为资金不够,包建工程的营造厂也要求将建筑物的所有权放在承包商手中作为担保再开始动工,被松下幸之助一口拒绝。他认为以土地房屋担保向银行借款,不明真相的人会对他的信用产生疑问,这样,可能阻碍今后松下电器制造厂的发展。

松下幸之助对住友银行的盛意表示感谢,同时,他提出自己拟订的条件,即愿意将土地与房屋所有权状暂放在住友银行保管,而不能用担保名义贷款。竹田经理几度奔走洽商,住友银行总行竟接受了这个从来没有过的条件,正式批准他的融通资金。

这一来,于1928年11月着手建筑的总厂,经过半年兴建完成。松下电器制造厂从此又进入了一个新的发展阶段。

松下幸之助借这次新建的总办公室落成之际,将"松下电气器具制造厂"改为"松下电器制造厂"。又在1929年3月,制订了公司纲领与公司信条,向全体从业人员公布施行,期望所有员工认识经营企业的使命,并实践每个人所应负的责任。

这时,营业兴隆的松下电器制造厂,由于日本经济的萧条,销货减少,库存品天天增加,当时正在养病的松下幸之助收到部属的报告后,为了解决紧迫问题,他拟定了方针和处置的方法,但同时又发布两道命令:(1)绝不裁减员工和减少薪水;(2)绝不降低产品售价。

1930年夏季,他购进一部"思替第贝克"牌大型轿车,曾引起好多人注目。当时能够买一部舶来品的大型轿车专为自己乘用,可以说仅限于豪富财阀。

松下幸之助在此期间,日本正处于经济萧条的情况下能"一枝独秀",赚钱极多,但仍不过是一个普通小巷子里的小型工厂主人,自己乘用外国大型轿车,实与身份不甚配合。这件事他自己不是不知道,恐怕他比别人还更清楚自己的做法会遭人非议。可是他究竟为什么要买一部外国车呢?他主张:"经济萎缩,产品推销不掉而发生过剩,大家皆感到困窘。这时,有钱的人就应该按照他们的财力尽量来购买自己所喜欢的东西。"

他还将国道电机工厂收购过来,建立了松下电器公司的第七厂。此厂专门制造收音机。

松下幸之助此刻虽然持有一座生产收音机的工厂,但在他的事业范围以内,找不出一位精通制造收音机的技术人才。松下幸之助指定研究室主任中尾哲二郎开展此项工作,在松下幸之助下达命令的三个月以后,真的很快地研制出接近理想的收音机,成果可谓惊人。

这时"日本广播协会"为了向全国民众推广收音机,特意举办收音机比赛,松下公司出品的收音机参加竞赛,并且获得了一等奖。

从此,松下电器制造厂出售的新型收音机,一方面由于设计周密,性能优良,另一方面得到全体代销商积极协作,不久,其销售数量大幅度上升。

松下幸之助正在以全部精力规划生产收音机之时,松下电器制造厂的众多产品中,业绩最佳者为国际牌脚踏车车灯。在1930年,这种车灯每月生产已超过10万只,售价降低到日币6角,昼夜开工生产,依然供不应求。

尤其是装在车灯里的消耗品干电池,怎样努力生产也不够需求,车灯销售量大增,干电池的需要变成以几何级数增加,炮弹型干电池式车灯的制造与销售,从1923年开始,干电池一直委托东京冈田电气公司代制,到了此时,冈田电气公司的生产能力,确实无法应付松下电器制造厂的要求。

因此,松下幸之助当然要向冈田电气公司的总经理冈田悌藏交涉,他得到冈田悌藏的谅解,在大阪地区内再物色一家干电池制造厂,以弥补东京冈田电气公司供应不足的数量。

在大阪地区有一家小森干电池制造厂,名声显著,业绩甚佳,无论制品质量或生产能力,在同业界可谓不落人后。建厂历史比松下电器晚。这家干电池制造厂也生产电池式脚踏车车灯,所以对松下电器制造厂来说,已有"同行是对头"的竞争关系。

但因为松下幸之助开诚布公,单刀直入地与之谈判,小森工厂主人颇受感动。就一次晤面磋商,俩人便订妥合约。小森工厂变成受松下电

器制造厂委托产制干电池的一个生产单位,并提高产量,与松下电器制造厂一起扩充业务。双方交涉,很快妥协,原则方面虽然没有任何问题,但实际做起来可就不简单了!因为小森工厂以干电池制造厂家的招牌,在当时市场上已经建立良好的信用,现在突然之间摇身一变,成为受松下电器制造厂委托生产干电池的工厂,其应该办的各种手续,甚为复杂,等这些手续处理完毕,已费去几个月的时光。

小森工厂主人终于在松下幸之助的援助下,在丰崎地方购进一座工厂,土地共有 1800 坪,厂房等建筑物 1300 坪,于是从旧地迁到新厂来,开工生产。

机器设备焕然一新,补充员工,加强生产能力,从此,国际牌干电池源源不断地满足了需要。

由于小森工厂变成松下电器制造厂委托生产干电池的一个单位,干电池供应能力绰绰有余,因而脚踏车车灯产销情形愈来愈好。在1931年一年里,车灯的生产数量显出急剧增加之势。

不过从此时起,市场上同业间的竞争,也越发激烈,松下电器制造厂所采取的对策是,一方面大量生产,将产品售价再度降低;另一方面拟出各种有效的销售政策。这些办法在实施的过程中,松下电器制造厂自家生产的脚踏车车灯,当然愿意怎样做就可以怎样做。至于有关干电池的减低售价,则需要与两家代制干电池的工厂东京冈田工厂及大阪小森工厂商量,求他们谅解和协力合作。

于是松下幸之助向两家老板说明他将采取的方针,尤其强调如下的看法:随着松下电器制造厂的车灯的畅销,干电池已经普及到日本全国各地,如果目前采用降价办法,一定更能开拓新客户,并且也很可能发现新的用途,变成家庭必备品。

对此,冈田工厂厂主立刻表示赞成,但小森工厂的老板却露出非常慎重的样子,不愿马上回答。数日以后,小森工厂主人送来复信,实在出乎松下幸之助的想象。原来小森工厂老板认为干电池减价与积极增产各种方案,不可能像松下幸之助所预料的那样乐观,会收到良好的效果。假若松下先生觉得自己的办法绝对可以成功,那么就请收购小森工厂好了,将来自己生产干电池不是更好更合理吗?

当时小森工厂老板已经年龄老迈,想要借此机会宣告退休。松下幸之助于惊讶之余,暂且检查小森工厂老板提案的内容,旨意极为正确,尤其是提案的要点完全为松下电器制造厂发展着想,使松下幸之助铭感于心,念念难忘,自然同意接受这一提案。

1931 年 9 月 20 日,松下幸之助办好了收购小森工厂的手续。小森工厂从此改名为松下电器公司的第八工厂。

原来小森工厂的人员,自工人起到高级管理者止,全部由松下电器公司接收,没有丝毫更动地变为松下电器公司的员工,松下电器公司方面甚至未派一人到新工厂来监督,就这样新工厂开始了生产运营。

为调整干电池的增产体制及适当降低售价,促进经营合理化,松下幸之助有两个月以上的时间,每天到新工厂办公两小时,指挥全体员工努力工作与埋头研究如何改善工厂管理。

结果,两个月达到目标。在 11 月间,松下电器公司实行脚踏车车灯和干电池一齐再度降价的方案。这一措施终于引起各地用户的热烈反应,国际牌车灯及干电池的销售数量,愈益急剧增加。

在 1931 年底,松下电器公司的事业范围渐大,制品项目扩充到 200 多种,在总公司、分公司、营业所及 8 个工厂工作的从业员工,共计近 1000 人。

从企业规模看,松下电器公司已经不是家庭工厂,而是在日本全国机电业界占有相当分量的中坚企业,已是无人不知、无人不晓的大公司了。

◉ 战后重建

自第二次世界大战爆发到 1945 年 8 月 15 日,因为日本长年进行侵略战争,终因国力不济,宣布接受波茨坦公告,前后打了 8 年之久的大战,以失败投降告终。

日本从明治天皇登基以来,经过四分之三个世纪的工业化和科学发展及企业的成果,大部分归于泡影。日本全国人民均陷于悲观和恐慌之中,想想国家的将来,瞻望自己的前途,真不知如何是好!

这时松下幸之助也不例外,在短时期内,忧虑万分,不知该如何处置!但是生来事业心重的他,经过一段时间,便认为老是这样的思前虑后,于事无补,徒生烦恼!

第二天,8 月 16 日,松下幸之助提早上班,召集全公司干部

开会,当场发表谈话:"大家迅速整理工厂,务须赶快增产家用电气化器具,这是我们的责任!"他和公司干部认真研讨,终于很快出来成果,8 月 20 日以松下电器公司的名义向全公司员工宣布重建公司。松下电器公司战后恢复生产,虽极其顺利,但到 1946 年,突然从外边来的限制不断增加,使松下幸之助陷入了创业以来从未有过的困境。

这种业务困难的情形,一直持续到 1949 年,仍没有一点好转的迹象。在这一年,该公司欠税务机构的税款,数额之大,占日本第一位,真是不光彩的记录。处于如此艰苦状态下,解雇的及自愿退休的员工,显著增多;同前一年比较,员工已减少一半,只剩有 3500 人。由于公司业务困难,松下幸之助自身的生活,当然也同样窘迫。因为事业衰退而减少个人收入,再加上战争停止后的种种难题一拥而上,这使他烦恼不已。

此时的松下幸之助无论在事业方面或个人生活方面,都遭遇到最大的危难。但之后不久,曾经经营企业有过巨大成就的他,却又做出了一件非常具有深刻意义的事,这就是"PHP 研究所"的诞生。

PHP 的含义是"由繁荣带来和平与幸福"。这句话稍带宗教的热情,松下幸之助开始倡导这一社会启蒙运动,是在 1946 年 11 月 3 日,也就是与战后日本《新宪法》颁布的同一天。

漫长的战争时期结束以后,社会不安,经济混乱及普遍的穷困潦倒,对于在这样情况之中生活的人们,松下幸之助不禁感到极大的矛盾,也激起他产生了实现 10 项目标的野心,并创设"PHP 研究所",积极地开始社会启蒙运动。

(1)勤劳工作的人,应享有丰裕的生活。

(2)让人们自由愉快地工作。

（3）对于民主两字的意义,要有正确的理解。

（4）劳资双方,应彼此协调,并各尽其责。

（5）戒除浪费。

（6）减少公家经费,增加工作效果。

（7）租税负担,要正当公允。

（8）由企业促成空前的繁荣。

（9）要使工作的人发挥最大的效能。

（10）教育的目的,是培植人们具有完整的人格。

为了更好地推广此项运动,他于1947年4月,创办"PHP"杂志。从1948年2月开始,松下幸之助本人在该杂志上将自己的想法命名为"PHP"之声,每期写一篇文章,公开刊载发表。

"PHP"杂志从创刊号起到1968年5月为止,已经发行240期,其发行册数,实际达到66万册,是相当大的数量。

从1947年到1948年,是松下电器公司创业以来从未遭遇到的危机阶段。松下幸之助便于1949年的春天,希望事业重新恢复,各部门着手改革,实施彻底的合理化。

全部工厂分成三个组织系统,每一组织系统完全独立,单独核算损益。大刀阔斧,推行分权制度,并且管理机构也一道采用三个事业部门制度。编余人员照自动辞职的奖励措施办理。

在1950年3月,除一部分自动辞职的人以外,多余的人员,则让他们暂时休职,停薪候用。

此外,各地的营业所则直属于总经理,各营业所均独立营运,单独核算效益,营业所主任负责全部工作。当初拟订这种体制的用意,在于促进各独立单位的积极性。松下幸之助本人担任第一事业部门的最高主管,在新制度实施之际,亲自站在第一线上指挥。

松下电器公司准备重建事业的计划大致就绪时,韩国突然爆发战争。以此为转折点,日本实业界快速出现繁荣景象。由于韩国战争,向日本大量订购军需品及民生物资,日本国内的要求,也同时倍增,因而松下电器公司的业绩在短期间内就有了显著改善。

在 1950 年 6 月,突如其来的南北朝鲜战争,使日本的经济获得了转机:一方面美国军方的订单如雪片飞来;另一方面输出物资也急剧增加。

在南北朝鲜战争发生前夕,据日本经济界人士估计,全国工厂存货总额达 1000 亿到 1500 亿日元,朝鲜战争爆发以后,大批滞销货品迅速销售一空。这使日本实业家欣喜若狂。

局势的突然转变,早就有所准备的松下幸之助,认为时机不可错过,决心一举挽回经营事业上的颓势。

他在 1950 年 7 月 17 日召集公司干部人员开座谈会,说明今后事业经营方针并询问每个人的意见。这时,从松下幸之助的谈话中,明白表示出他在长时间内忍辱负重,好不容易熬到现在,总算获得了活动的自由。他

一定要抓住这一大好机会,做一番伟大事业,以重振辉煌。

松下电器公司能够在日本实业史上留下不朽的盛名,完全是归功于战后的飞速发展。而战后的发展,尤其寄托于两种因素之上:一是由于朝鲜战争爆发,促成日本经济繁荣;二是"重新开业的心情",再从头做起的信念,松下幸之助表现出了非常谦虚而又踏实的经营态度。

当他最后决定经营方针时,强调此次重新创办事业,一定要从长远出发,以世界企业的水准来展开经济方面的各种活动。于是他当众宣布,先到美国去参观调查,借鉴国外的先进管理经验,这消息吐露后不久,他即踏上旅程,匆匆出国。他到美国后,主要想要研究的课题有三个:

(一)日本产品能在美国市场上销售多少?(二)日本能从海外各国进口的是什么?(三)美国各大公司都能年年赚钱,而日本的各公司常发生亏损,其原因何在?

他在详细考察美国各地的大公司、工厂之后,于 4 月间归国。但这次出游,心中感觉仍不满足。于是在这一年的 10 月,再度赴美。这一回旅行日程里,除美国之外,还把参观欧洲各国的工商企业也编列进去。而这一次的出国,比上一次有显著不同点,即此次的目的,是要寻找一个最合适的技术合作对象。

由于朝鲜战争,需要大批物资紧急供应,而促成日本经济景气。在这期间内,日本电机业界的各公司,均多少感到制品的多元化和品质的提高,应当是刻不容缓的事。松下幸之助更认为"家用电气化器具可以改善人民的生活及促进文化水准"。很久以前,他就了解经营这种事业使命重大,必须时时刻刻求取进步。在国际品牌诸多制品中,技术水准特别显得落后的是真空管一类,于是松下幸之助决定马上进行技术改变。

当时制造真空管的单位，是松下电器产业公司的真空管工厂。关于研究和生产两方面的技术，都比欧美各先进国家差得很远。在 1949 年到 1950 年真空管的制造比率，仅能达到一般民间使用收音机真空管总数的 15%，情况甚为惨淡。由此也可推测当年技术水准如何低劣。松下幸之助第二次出国考察，在他的心中，当然不会忘记这一事实。

在欧美旅行途中，他仔细观察工业进步国家的优良电机制造商，同时暗中也在选择哪一家生产真空管的工厂可以与其技术合作。美国的这类工厂不要说了，即使是欧洲各国的制造厂家，生产技术也颇为高明。

当时日本各制造厂望尘莫及，应该效法的地方似乎不在少数。但是，在许许多多真空管制造厂家当中，格外使他注意的是荷兰的菲利浦公司。这家公司在第二次世界大战以前，已经和松下电器公司有过接触。

菲利浦公司是采取菲利浦家族经营事业的组织形态，当时已经具有创业 60 年的历史，从业员工约为 7.5 万人。公司规模比松下电器公司大，但其发展过程及经营理念，在当时正好和创业 30 年以上的松下电器公司似有相似的地方。松下幸之助察觉该公司技术水平也比美国各公司的技术更能切合日本的实际情形。因此，在他考察之际，即向这家公司洽商技术合作的问题。

可是，此时菲利浦所表示的态度，甚为慎重，使松下幸之助非常感动。理由是：菲利浦公司已和 48 个国家有技术合作

的经验,基于这种经验,该公司的主持人向松下幸之助表明他的看法:"双方虽然都具有技术合作的意思,但若一旦合作起来而不能成功,则什么用处也没有。"

"这好比男女两人结婚一样,松下电器公司作为我们的结婚对象,究竟是合适呢,还是不相当呢? 我们要派人到日本去实地调查一下之后,再商量合作的条件,这样才能心安理得。"

松下幸之助当时将他公司的历史、现状等做了详细说明,也认为对方的提议很合道理,双方就如此这般一言约定,松下幸之助匆匆返回了日本。

在归国的途中及归国以后,松下幸之助对于菲利浦公司的想法与做法,又从诸多角度来考虑、研究。技术合作虽说极有希望,但是假若答应了对方的要求,让他们来调查,则有关企业经营上的种种资料不用说了,就连工厂设备和一切一切的东西,全部给对方看得清清楚楚以后,内部的若干秘密,被他们一览无遗,此时再谈不成技术合作,等于被人愚弄,将贻笑天下。

想到这里,松下幸之助颇有一些踌躇,不过结果他还是完全信任对方,以合作为先,仍旧同意了对方到他的公司来调查。

1952 年 2 月,菲利浦公司派遣代表 3 人到日本来,经过一个月之久,从每一角度,十分慎重地调查松下电器公司的经营情况,然后返回荷兰。在等候对方回信的期间,松下幸之助的心情,真有如"待决之囚",坐卧不安。此后还算圆满,对方无异议,认为松下幸之助的企业经营成绩完全合格。

于是,对方表示接受松下电器公司的合作申请,并提出技术合作上的若干条件。引进制造技术的项目有电灯泡、日光灯、电子管三种。菲利浦公司订出的代价是创办费 55 万美元,参与股份为 30%,技术指导费为 6%。

松下幸之助再三研究获得结论:菲利浦公司已将松下电器公司的经营情况、企业内容彻底调查清楚,提出用双方合办一个新公司的方式,从事技术合作,这一新公司交给松下电器公司方面负责经营管理。

换言之,对方业已信任松下幸之助的经营能力,将新公司托交经营。因此,新公司应该向松下幸之助缴纳一笔经营指导费。

这样一来,松下幸之助拟定再同菲利浦公司谈判技术合作时,应以求其交一笔"经营指导费"为先决条件。他物色了一个能够担当此次交涉重任的人员,代表他前往荷兰谈判。后来认为高桥荒太郎是一适宜人选,定能"不辱使命"。

1952 年 7 月,高桥荒太郎奉命赴欧,双方开会磋商。为抵消技术指导费而松下幸之助想出的经营指导费,菲利浦公司对此表示反对。实际来讲,世界任何地方也没有这样的例子。

因此,果不出预料,两方交涉触礁,有几次几乎到了决裂的边缘,只是由于高桥荒太郎生来的品格、信念和忍耐力都不寻常,坚持到最后关头时,双方终于妥协。菲利浦公司同意将技术指导费降至 4% ~ 5%,同时,也答应了给予松下电器公司以 3% 的经营指导费。

双方议订合同,有效期为 15 年,在合约期中,视业务进展情形,还可减低技术指导费,并将此项条款记载于备忘录里,以示郑重。菲利浦公司当局曾经感叹地说:"以前所有向我们要求技术合作而订约的公司,就没有过一家像松下电器公司这样强硬的谈判对手。"

后来,在 1956 年,技术指导费和经营指导费同时各降低为 3% 与 2%,到 1967 年,双方重新订约时,则技术指导费和经营指导费修正为同一标准,都是 2.5%。松下幸之助老早希望的目标,至此完全实现;菲利浦公司的技术能力与松下电器公司的经营能力,正好等量齐观,谁也不吃亏了。

松下幸之助到欧美各国考察实业发展情况所获得的成果,当然不只和菲利浦公司订立技术合作合约一项,在他直接或间接所得到的成果中,还有比较重要的一项,是设立中央研究所。

松下电器公司正式成立独立研究机构,可回溯到 1927 年。当时在大开街的总公司内,创设一个研究单位,配置数名研究人员,从事各项产品的试验改良工作。之后,各事业单位纷纷独立,实施分权组织制度,研究机构也随之分别在各独立公司组织内成立。由于松下电器公司不断地发展,一直到第二次世界大战结束为止,研究机构的阵容逐渐扩充。1943 年 5 月,在总公司内以做基本研究为目的,新设松下工业研究所。但是到了战后,整个企业陷于混乱,松下电器公司的业绩萎缩,不得已将研究所关闭。松下幸之助前往欧美考察,洞悉外国工商企业对研究工作的重视,于是再一次以研究基本科学及制造技术为目的创办研究所。

详言之,松下幸之助数次出国考察,亲眼看见欧美各国工业制造技术飞跃进步,松下幸之助深深觉得要使松下电器公司在日本电机业界占领导地位,然后进一步打入世界各国的市场,只凭各事业部门单独研究实验的东西,是绝对没有前途的。

松下幸之助积极倡导设立研究所,松下电器公司董事会根据他的意见,决定以综合的基础研究为目的,设立中央研究所。1953 年 5 月,在门真街地区的一角,兴建一座有 2300 平方米的研究所。再者,为了发挥全公司技术方面的综合力量,加强各事业单位技术研究的有机结合及互相联系,又设置机构以负责推动此事。

1954 年 7 月 24 日,在总公司内,"综合技术委员会"成立。这一委员会约由 40 名委员组成,内部分为 3 个小组,其研究项目包括:

(1)制造技术工作的效率化;

(2)研究开发具有诱惑力的制品;

(3)成本合理化;

(4)改善产品品质。

因朝鲜战争而促使日本经济繁荣,仅仅数年之间,日本工商企业以非常惊人的速度获得复兴。从日本国民的消费生活方面来看,载至 1954 年,已经完全恢复战前水平。

1955 年以后,松下电器公司业务发展又获得了辉煌成就。原因有两点:一半白于当时围绕电机业界的企业环境或条件最适合事业的成长;另外一半是经营指导者的松下幸之助具有卓越的才能及他率领的公司干部与全体从业员工对工作非常努力勤勉。

◉ 晚年生活

1961 年,松下幸之助将总经理职位让给他的女婿松下正治担当,自己就任董事长。

松下正治生于 1912 年 9 月 17 日,原系前伯爵平田荣二的次子。1935 年,由东京帝国大学政治系毕业,随后入三井银行服务。松下幸之助无子嗣,乃将幸子嫁给他,并招为赘婿,因而改姓松下。1940 年 5 月,转入松下电器公司工作,松下幸之助的事业,自然由他继承了。

松下幸之助就任董事长以后,公司的日常业务,几乎全部交于总经理及以下的干部们管理,自己退居幕后,不想多管事情。当然特别重要的决策,远大的计划,还是要他参加策划或请他裁定。此外,代表整个松下事业对外交涉,或与公司业务无直接关系的讲演等社会服务一类事项,有时也要他出来应付一下。

实际上可以说,他已经是一个隐居的实业家,过着悠闲理想的静谧生活。

1963 年秋季,“国际经营管理协会”在美国纽约召开世界大会,松下幸之助接受邀请,前往出席。

他以来宾的身份站在世界各国的实业家、学者、专家之前,选用“经营理想”为题目,滔滔不绝地讲述他个人对经营企业的看法和做法。由于他接触的范围广泛,每天要处理的公私事务,自是堆积如山,辞退总经理职务以后,身边的琐事仍然有增无减,这也可以说是企业界的常态。一个人一旦功成名就,跻身大实业家之列,则四周的情势就不允许他长久去过着悠闲雅静的生活。

1964 年 7 月 10 日及 11 日两天,松下电器公司在热海的"新富士屋"旅馆,召请松下事业系统各销售公司与代理店的经理们,举行座谈会。

松下幸之助自退居董事长职位,很少出席此类座谈会。这次他为加深了解市场情况,乃亲临会场,听取大家的意见。当他得悉家用电气化器具制造业激烈竞争,恶性削价推销,其中有些销售者,蒙受巨大损失,艰苦不堪言状,不禁愕然色变,惊异万分!他就任董事长之后,关于产品销售业务,已经久不闻问,目前市场的实际动态,真是出乎意料。他以制造厂老板的立场,向参加开会的经理们深致歉意。并暗自考虑,必须早日改善这种艰苦的情形。

因此,在 1964 年 8 月 1 日,松下幸之助突然公布,自己以董事长的身份暂时兼任松下电器公司的营业部部长。

松下幸之助兼任营业部部长一年以后,日本家用电气器具制造界因在普遍经济不景气的环境下,一般厂家均陷入业务萎缩、经营艰难之中,而松下电器公司却能出类拔萃,超越同业,提前完成企业内部的整合,完全采取了事业发展的新体制。

公司 1965 年 11 月一期半年的决算表显示,销售额共计为 1006 亿日元,减去捐税之后,净得利益有 63 亿日元,若和其他同业比较,更显出上述数字来之不易。

1966 年 11 月一期销售额为 1396 亿日元,同前期比较,增加 19.2%;1967 年 5 月一期的销售额为 1568 亿日元,同前期比较,增加 12.3%;同年 11 月一期的销售额为 1905 亿日元,同前期比较,增加 21.5%。上列最后一期实际赚得的利润为 121 亿日元,同前期比较,增加 22.8%。这是一个庞大的数字。一期的盈利额能超过 100 亿日元的大关,在日本的股份有限公司史上,树立了空前未曾有过的新纪录。

1968 年,日本全国上下一齐动员,举办明治纪元百周年纪念庆典,正巧这一年是松下电器公司成立 50 年纪念。在年初召开的例行的"公司经营方针发表大会"上,已达 73 岁高龄的松下幸之助亲自莅临,对松下电器公司及附属事业机构各单位的主要干部 7400 人,以"要成为昭和维新的志士"为题发表演说。

1970 年日本全国生产总值达到 2000 亿美元,在资本主义世界诸国中,跃居第二位,仅次于美国。

足以代表日本家用电气器具制造业的松下电器公司,规模庞大,组织繁杂。

松下幸之助于这时虽然已届耄耋之年,却仍旧耳聪目明,身心矍铄。自己说在幼年时期,身体衰弱,而今竟能获致如此长寿,实在是一件不可思议的事!他除掉一生在经营企业上显露出令人惊异的成就外,在养生方面,又有让人羡慕的成功。

晚年的松下幸之助,同日本"大德寺如意庵"的立花大龟老法师自相遇后,两人每一晤面,谈禅论道,研讨更高境界的人生问题。立花大龟法师常对人说:"松下幸之助简直是一个阿修罗,不管白天或夜晚,总是战斗,为了做商人及赚钱,而继续不停地激战。"

"可是,由他的精神看得出来,这种战斗并非他的本能,从事此无休止的工作，他总现出一些精神忧郁。他自从创办事业以来，几乎是一直陷身于苦斗之中。我认为最后总有一天他会从战斗中败下阵来，含悲饮恨而终！这里所说的战败，是指身体的健康受了损伤而言。他是抱有崇高理想的一个人，对于任何艰苦险阻，都能泰然处之，并以极端坚强的忍耐力，将它克服与解决。"

"他非常尊敬宗教，但并未表示过有皈依宗教的心愿。我也认为他是一个彻头彻尾的商人，实没有皈依宗教的必要。仔细想来，经商本身，便是佛法，认真照着商业道德去行事，此即佛家的行为。一般人所说的经济，不就是'经世济民'的意思吗！改善动辄发生纷扰的物质生活，拯救人民于穷困之中，这是经济一语的发源。由松下幸之助经营企业所表现的精神和手法，让我们清楚地看出他的心境正在朝着这一方向前进。一般企业经营者，并非不了解这方面的道理，只是他们的人生观，还未达到如此高的境界。"

立花大龟法师每与松下幸之助会面时，常常直率地规劝他道："松下先生！人总是会有死亡的一天，你也要早做准备嘛！现在松下电器公司根基稳固，自可放心！因此，你应安排退步才对。如不顾自己，光是为公司发展着想。我看你实在可怜！"

松下幸之助于1973年辞掉董事长职位，显示要摆脱公司业务，已将"死亡"的念头置于心中。但是如何才能解脱死亡的威胁，他确实不住地在思考解脱的方法，这也许就是他产生宗教心境的动机。所谓宗教,若不与死亡直接相结合,便不会引人走向宗教之路。为了扩大、充实人生观,常把死亡的念头置于心中,立花大龟法师认为如此可以使这个人人格伟大,这是值得赞许的崇高精神生活。当然也有人说:"如心中老是存着死亡的忧虑,那将没有工作的兴趣了。"

不错,会有人如此。但实际来看,心中常有死亡之念,则无论从事任何工作,一定会使这项工作做得干干净净,不致脱轨、离谱。

松下幸之助度过80余年的多彩多姿、充满刺激、传奇色彩的生涯,无疑地他在人生舞台上已获得了最后的成功。他的名字将永远留在日本史册上。

第五章

"汽车之父"福特

◎ 少年壮志

1863 年 7 月 30 日,福特汽车和福特汽车公司的创始人——亨利·福特诞生在美国密歇根州迪尔本。

福特的祖父乔治·福特是爱尔兰人。当年,由于爱尔兰发生了马铃薯中毒和伤寒感染事件,许多人纷纷逃离故乡,福特家族就是这支移民队伍中的一群。

乔治·福特带着妻子、儿女和弟弟等一行 10 人,从爱尔兰,经过跋山涉水,来到迪尔本——靠近底特律的一个小镇。

当时的迪尔本还是一片未开垦的处女地,在那里,土地非常便宜。不久,乔治·福特就以 350 美元买下 80 英亩未开垦

的林地。他们砍倒了树木、平整了土地、修起了围栏,开始自耕农的生活。

由于劳动很繁重,乔治不得不强迫儿女们一块干。后来,有些儿子去加州淘金,从此一去不回,音信皆无;而名叫威廉的儿子,则在密歇根中央铁路开始铺设时,就离开迪尔本,加入工程建设,成了一名铁路工人。

威廉就是后来汽车大王亨利·福特的父亲。他在密歇根中央铁路一铺设完毕,就回到迪尔本当木匠,不久,威廉就和木匠领班的养女玛丽结婚。婚后不久,他们用积蓄和借贷的钱买了一块40英亩的土地。玛丽头胎是个男孩,不幸夭折,于是,第二胎的福特便在户籍上被登记为长子。

亨利·福特的父母一共生了6个孩子。当时,威廉把住宅周围约90英亩的土地买了下来,他除了在这块土地上种植小麦和玉米外,还把部分土地开垦成果园和草地,草地用来放牧羊、马。草地的后面是一片森林,森林里面有浣熊、臭鼬鼠、狐狸和野兔等野生动物。

在福特家90英亩的土地上,除了两层楼建筑外,还有冶炼厂和水力制粉厂,甚至还有羊毛纺织厂。白手起家的威廉·福特在事业上相当成功,但长子福特却对此不屑一顾。

这是因为福特对使用铁锹、锄头去干活以及挤牛奶之类的事情感到厌恶,而他父亲则常常不惜用体罚来强迫他劳动,所以他对他的父亲很是怨恨。

然而,福特享受母爱的时间太短了,母亲在他12岁时突然逝世,但她坚强的性格对福特的影响可以说是终生的。福特继承了母亲"清洁"、"秩序"、"忍耐"、"勇气"、"锻炼"的优点,并以此作为自己的座右铭。

福特的家中有好几册图鉴，是母亲用来教给福特有关月食、日食的形成以及星星、太阳的天文知识的，对于动植物的生长和习性，母亲也会用它来对他作详细的说明，这样来刺激福特强烈的好奇心。

7 岁那年，福特进苏格兰人开垦地的学校学习。

这所小型学校只有一个教室。福特只有算术一科的成绩名列前茅，其他各科的成绩几乎都是最差的。

在一个北风呼啸的冬日，福特跟随父亲搭火车到 8 英里外的底特律去。在底特律的火车站里，福特第一次看到了火车头。他对这个大怪物如此感兴趣，以至于那位好心的列车长允许他进入火车头，并为他开动车头，这大大地满足了他的好奇心。他还坐上驾驶台，把汽笛按得"叭！叭！"作响。

福特回到家里，兴奋得整夜没有睡着。第二天一早，他瞒过母亲，从厨房偷来两个水壶，在其中一个里面放满烧得火红的煤炭，另一壶装上烧开的开水，然后从贮藏室取出雪橇，把两个水壶放在雪橇上。

"喂！火车头来了！"福特一边叫着，一边在地上滑动着雪橇，沉浸在自己的欢乐之中。

后来，福特在学校制造小蒸汽引擎时，引起过一次小事故。原来，福特制造的引擎发生了爆炸，铜片、玻璃、铁片四处飞散，福特的嘴唇也被割破了，同伴中有的人头部受到重伤，爆炸的威力甚至把学校的栅栏都震倒了。

在这个事件发生前，7 岁的亨利·福特就已经是轰动全村的天才少年了。

福特的好奇心之强，以至于福特家的人，只要一看见福特回家，便立刻慌慌张张地把手表藏起来，因为那些华丽昂贵的怀表，往往会遭到福特的肢解。

而且他的分解癖并不只限于表，新的农具一到家里也会被他拆得支离破碎，所以家人对他都很提防。

福特在自己的房间里藏了7种"秘密武器"。枕头上边吊着父亲送的"恺撒表"，床旁边有个小柜，里面整齐地摆放着钻孔机、锉刀、铁锤、铆钉、锯子、螺栓和螺丝帽。锉刀是用拣来的铁片切割而成的，钻孔机则是从母亲那儿偷来的棒针对改造的。7岁的小孩将这些东西收集得如此整齐、完备，确实令人惊奇。

有两个人，亨利·福特一生都没有忘记，一个是那位在底特律火车站为他开动火车头的列车长，另一位就是阿德夫。

阿德夫是他父亲雇的一位长工，他是个德国移民。福特抑制不住内心的喜悦，颤抖着用钻孔器把怀表撬开。而阿德夫却热情而详细地为福特介绍其内部的结构和原理。热衷于钟表和火车头的福特，开始瞒着家人，偷偷地顺着乡间小路溜到底特律镇上，把鼻子紧紧贴在钟表店的玻璃窗上，看店里的师傅拿小钳子修理手表，有时看得完全入了迷，以致忘了时间，到天快黑的时候才匆匆跑回家。

当福特和修表的师傅逐渐熟悉以后，修表师傅有时还把已不能用的手表送给他。这时，福特便在房间里整晚地分解、组合，直到第二天凌晨三四点。

迪尔本村的小孩子们一放学回到家，就要下地干活，即使早上上学前也要先干完粗重的农活。虽然一天下来已经精疲力竭,但福特每晚都要在房间里与孤灯、工具做伴,直到天亮。

福特一直是背着家人干的,在长工中,除了阿德夫之外,也没有其他人知道他的秘密。

父亲常强迫福特照看鸡舍,他对这件差使极为厌恶,以至于长大后一看到鸡肉就作呕。他也很讨厌牛奶。因此,汽车大王亨利·福特在饮食上的两大禁忌就是牛奶和鸡肉。

"牛奶中富含蛋白质,你非喝不可!"父亲经常这样来强迫他喝牛奶。亨利认为应该有其他取得营养的方法,于是便开始研究起它的代用品来。

这位固执的天才技师的好奇心实在太强烈。有一次,当他骑着一匹小马在田梗上慢跑时,从田地里忽然冲出一头牛,受惊的小马把福特摔到了地上,由于他的双脚还挂在马蹬上,所以他被小马拖了好长一段距离。从此,福特除了鸡、牛之外,又多了一种令他讨厌的动物——马。

家中饲养了各式各样的动物,除了牛、马和鸡以外,还有羊、猪、火鸡……这些家禽家畜让他大伤脑筋,因为他的全部兴趣在钟表上;与其照料这些动物,不如去修理农具更有趣。所以,每当附近农家请他去修理农具或做其他事情时,他便兴致勃勃。

迪尔本一到秋季就忙得不可开交。刚刚收完玉米,接着又收割小麦,还有马铃薯和各种水果。为了过冬,得熏制腊肉。在降雪之前,还要拾够过冬的薪柴。另外,为了来春的播种,也必须事先犁田、培垄。福特无论分到什么样的农活,都是三心二意地干,不到 5 分钟就要坐到地上休息,因而常挨母亲的打。即使在小学里,他也经常受到老师的惩罚。

在福特当年所受的惩罚中,最使他感到耻辱的是被罚和一个小女孩同坐在一条长凳上。但这位天才少年在受罚的同时,立刻发挥了他的才能。他在长凳的两边各挖了一个洞,并在女孩座位下的小洞中插上一个针尖,再用线绕过长凳下与自己座位下的小洞连接,然后牵动线头,刺得那个女孩大声尖叫。还有一次,长工阿德夫恶作剧地在福特的床上放了一些铆钉,于是,福特在房间里彻夜地思考报仇的对策。

阿德夫每天晚饭后有到门前柳树下抽烟斗的习惯。福特在铁皮水桶的底部钻了一个洞,洞口先用橡胶封上,用铁丝作牵引,可以让桶中的水流出来。福特然后把水桶绑在门前的那棵柳树上。

这天晚饭后,阿德夫一如既往地在树下抽起烟来,躲在一旁的福特拉动连着橡皮塞子的铁丝,于是,流下来的水浇了阿德夫一头。那时,亨利·福特才 7 岁。一次偶然的机会,13 岁的福特看到了无轨蒸汽机。那天,福特和父亲搭乘马车一同去邻村,突然,他眼前出

现了一个庞然大物，一辆蒸汽机车沿着马路缓缓行驶。

这辆蒸汽机车的铁制前轮很大。在像战车一样的履带上，绕着粗铁链；前轮上方有一个大汽锅，汽锅上横着水槽，上面还有顶篷；后轮比福特还高，后面则拉着满载石灰的拖车。

自从见了那辆不用马拉的车后，福特在农场再也呆不住了。一天，福特忽然不见了。刚满 16 岁的福特，一念之间，想离家出走，试试自己的能耐。

福特来到底特律城，在密歇根车厂找到了一份修理机器的工作，日薪 1.1 美元，这在当时已相当高了，但他在上班的第六天却被开除了。为什么呢？并不是因为他偷懒或打架，而是因为福特往往不费吹灰之力就修好了那些老资格的工人无法修理的机器，这引起了同事们的嫉妒。

离开车辆公司，他又就职于他父亲的朋友开的黄铜工厂。他作为见习生，每周只能拿到 6 美元，这家工厂还规定每周必须工作 60 小时，主要制造黄铜门阀，还有汽笛和钟。

福特以其熟练的技工技术在此很快就站稳了脚，并从老师傅那里学到了许多新东西，然而福特在这家工厂干了 6 个月后就辞职了。因为"这里已经学不到东西了"。福特满不在乎地说。

为了获取更多的经验，福特第三次是在底特律的一个造船厂工作。这儿的工资比黄铜工厂还低，周薪只有 2 美元，而房租每周就要 3.5 美元，福特不得不节衣缩食并且到处打工。

在造船厂中,福特对蒸汽内燃机发生了极大兴趣,这对他日后开发内燃引擎有很大影响。

由于工作不忙,他系统地阅读了许多关于内燃机方面的文章,尤其是法拉第关于蒸汽发动机的专论,这使他大受启发。

两年以后,福特又再度以学不到新东西为由,辞去了造船厂的工作,回家帮助父亲。这次辞职是福特人生旅途中的转折点。

一个偶然的机会,使福特走上了农业机械师的道路。一天,父亲告诉他制材厂的约翰买了一台很贵重的引擎,但是因无法启动而大伤脑筋,想请他去帮忙,福特听罢,马上赶往村里的木材行。

这是一台西屋公司出产的移动式蒸汽引擎。福特见了发出由衷的赞叹,这确实是一台很珍贵的引擎。

西屋公司随车指派了一名示范操作的司机,但由于这位司机害怕高速运转的机器,所以不能熟练地给他们做出示范。一向恃才自傲的福特也缺乏信心了。

但他是一个自尊心很强的青年,虽然也很担心,但决心试一下。福特怀着忐忑不安的心情,好奇地看着说明书,并试着发动,很意外地,竟毫不费力地启动了。

约翰于是提出日薪 3 美元的条件请福特来帮忙。这在迪尔本算是很高的待遇,同时这项工作又很有趣,福特便欣然答应了。3 个月后,西屋公司又聘他担任移动式引擎的示范操作员。福特因此学到了不少蒸汽引擎的知识。

冬天,迪尔本便覆盖上了厚厚的积雪,所有的农活便都无法干了。福特正是看在这一点上,想利用这段农闲,在家中静心地做一些新的研究。所以说,他是在"发明欲"的驱使下返回家中的;而对于移动式引擎的成功启动,更强烈地激发了他的研究和发明的欲望。

福特捡回了父亲用旧而丢弃掉的手推式割草机,想运用他以前学到的引擎知识把它改造成可用来进行农耕的牵引机。

福特把自己关在储藏室中,开始了辛勤的探索。他不断地试制他设想的牵引机,一台、两台乃至二三十台。试制过程十分辛苦。

这项工作经历了整整两年,在第二年冬去春来之际,福特终于完成了他设想的以木材为燃料的蒸汽引擎牵引机。

就在福特沉醉在发明的乐趣中的时候,3 年的岁月一晃就过去了。在一个飘着雪的夜晚,刚刚离开舞会会场的克拉拉,满脸红晕地告诉父母:"福特带着一只有四根针的手表喔! 真是了不起!"

克拉拉·布莱恩是一位 16 岁的少女,她有着一头褐色的长发,和一双湛蓝的大眼睛。绿野村的布莱恩家共有 10 个小孩,克拉拉是长女。

亨利·福特和克拉拉是在 3 个星期以前的一次舞会上认识的。引起克拉拉极大注意的那个四针手表,不用说是福特自己的杰作。表中有一根长针和一根短针是用来指示底特律地方时间的,另外两根针则能显示出当时已经开始实施的铁路标准时间。追求克拉拉的小伙子很多,但她却深深地为福特所吸引。为了能获得克拉拉的好感,福特还另外做了一辆带翅的绿色马橇,经常邀请她一同出游,并同时展开情书攻势。

4 年后，俩人于1888 年 4 月 11 日在双方亲友的祝福声中结为夫妻，那时，亨利·福特24 岁，克拉拉也快满 20 岁了。

婚后，福特和妻子暂时借住在父亲搭盖的圆木小屋中。福特的弟弟和妹妹们将小屋布置得非常漂亮，并在周围栽上了五颜六色的鲜花，小夫妻俩想在这里过幸福的生活。

父亲一心想让儿子务农，但福特一点不为所动。他心中暗想，要把 40 英亩的森林开发出来，把林中的榆树、柳木、榕木等卖到底特律造船厂去，然后将卖来的钱存起来，作为以后研究内燃引擎之用。

不久，在克拉拉的要求下，福特亲自设计并建造了他们的爱巢，房子是当时北部才开始流行的殖民地式的建筑式样。

当然，福特并没有完全沉湎于家庭生活，他也不想在农村过一辈子，他对机器的喜爱一点都没有改变。克拉拉理解丈夫，全力支持福特在他痴迷的机械领域里钻研，搞各种试验。

因为他在电气方面懂得不多，虽然想尽力了解引擎，但还是很外行。底特律的爱迪生照明公司有个工作机会。他想搬到底特律去。

福特的态度很坚决，因为他早已下定决心要搬走，现在说出来只不过是让克拉拉知道一下，并不算是商量；他本来就不打算和克拉拉商量。

由于事情来得太突然，克拉拉几乎要哭出声来，但理解丈夫的她很快平静下来了。她预感到，要改变丈夫迁居底特律的坚定念头,比她一个人挑起家庭这副重担还要难得多。

或许是潜在的一种信任感,使克拉拉认定丈夫一定会在开发内燃引擎上取得成功。

福特告诉她,在底特律开店的朋友帮他在爱迪生照明公司找了个夜班的工作,因为是夜班,所以才能腾出时间研究内燃引擎。

◉ 研制汽车

1891年9月25日,他们启程去底特律,在那儿的约翰·R街租了一间不大干净的公寓安顿下来。

由于夜班工程师的工资每月只有45美元,因此他们在底特律的生活一开始很拮据。

爱迪生照明公司属于托马斯·爱迪生个人所有,这是底特律最大的电力生产公司,它为这座城市的绝大多数家庭提供供电服务。

福特在这家公司一开始担任的是修理蒸汽引擎的工作,这违背了他来这个公司的目的,福特最强烈的愿望是能够接触发电机。

同时,对克拉拉来说,月薪45美元的生活的确太艰苦了。结婚后的第四年,克拉拉怀孕了。为了即将诞生的小宝宝,她深感必须多攒些钱。

但福特在用钱上毫无节制,仍然一如既往地买他的车床、中古割草机,并到各处去购买真空管或栓子之类的东西。

在底特律,由于新的资料比较容易弄到手,因此福特总是非常愉快。为了能有一间条件较好的实验室,福特经常从这栋公寓搬到那栋公寓,他已经记不清到底搬了多少次家,最后好不容易定居下来,是一栋两户相连的房子,只是仍然不太干净。

这时,亨利·福特从杂志上得知,卡尔·本兹已经开发出具有较先进的汽化器的300转汽缸,并取得了这项自动三轮车的专利,此车于1886年开始在明兴镇上行驶。

亨利·福特由于在爱迪生照明公司的发电厂担任与自己的志趣不相投的蒸汽引擎修理工,经常焦躁不安,但他仍然到处搜集刊载欧美新情报的《世界科学杂志》,幸运之神竟然就在这个过程中降临在他头上了。

公司终于把福特调到了日班的火力发电机部门,甚至还把他调升为工程师,月薪调为100美元。亨利·福特做实验时需要水和电,于是便把家里的厨房改装成了实验室,而克拉拉对此仍然毫无怨言。

福特把自己设计制作的内燃引擎放在厨房的地板上,并反复地把插头插入插座,以使电流通过燃料而发出火花。

打开手制的真空管,把木桶中的汽油注入引擎;由于在狭窄的厨房中无法放体积较大的点火装置,因此为了启动内燃引擎,不得不用手去转动附有螺杆的车轮,而转动车轮的工作,则都是由身怀六甲的克拉拉代劳。

1893年,克拉拉生下第一胎后,从此不能再怀孕。这个男孩取名叫爱德歇尔。爱德歇尔出生后的第二年7月,巴黎的一家报社举办了一场从巴黎到比尔福的汽车大赛。赛后，据说有 15 辆跑车跑完全程，夺得冠车的是道·迪恩的蒸汽汽车。

1895 年 6 月，又举行了一场从巴黎到波尔多 728 英里的车赛，帕纳尔和鲁巴索尔的汽车创下了平均时速 15 英里的新纪录。

这样，汽车比蒸汽车优秀的事实便首先在欧洲得到了证实。同年秋天的感恩节，美国的《芝加哥论坛报》举办了一场从密歇根到密尔瓦基的车赛。

冠军的奖金是 2000 美元，亚军是 1500 美元，季军是 1000 美元，第四名是 500 美元。在参加者的要求下，组委会将赛程缩短为 92 英里。

德国产的本兹车和美国制造的多利耶车在一开始齐头并进，难分前后。后来，由于驾驶多利耶车的查尔斯·多利耶的弟弟法兰克·多利耶在途中为了躲开一辆马车而翻落在沟中，本兹车因而轻而易举地夺得了冠军，用时 9 小时 30 分。

克拉拉刚生完孩子，身体非常虚弱，很需要住院治疗，这自然增加了不少开销。可是，亨利·福特又在不顾一切地投下大笔金钱去研究内燃引擎。面对着这一切，克拉拉只有默默地忍受着。

亨利·福特曾对厨房中的内燃机做过一些研究,而且非常凑巧的是他正是在爱德歇尔满一周岁的第二天作出研制内燃引擎的决定的。

亨利·福特对自己的研究前景充满了信心。不过,福特再也无法漠视克拉拉所付出的一切了,他找到了一份晚上当讲师的工作,每晚可以挣 25 元。但这并未耽误他的研究,因为课到 9 点结束,回家后就可以进行研究了。他把这件事告诉了克拉拉,妻子听后心里安稳多了。

于是,福特开始去授课了。在他教的学生中,他认识了一位叫巴提尔的 18 岁的德国侨民。

巴提尔小的时候曾受到过德国教育,这恰好帮了福特很大的忙。他经常给福特介绍有关德国汽车发展方面的情况,让福特了解了欧特和本兹。

有一天晚上下课后,巴提尔问福特是否看过了前一天晚上发行的《美国机械》杂志。巴提尔告诉他杂志上有对汽车研制法的图解说明。

福特立刻买来,上面有一篇文章中详细地说明了利用旧材料制作汽油引擎的方法。这篇文章给福特造成的刺激是很强烈的。

现在,亨利·福特打算从爱迪生照明公司中找一位志同道合的伙伴。眼光炯炯有神,留着大胡子的凯特是个瘦削的电气工程师,他任职于爱迪生照明公司电气部,听了福特的想法后,他表示对此很感兴趣。

亨利·福特的另一位合作伙伴是年轻的毕休普,他心灵手巧,也是爱迪生照明公司的工程师。加上巴提尔,一共是 4个人,他们以亨利·福特为中心组成了研制内燃引擎的研究小组。

刚开始,他们利用爱迪生照明公司的发电厂进行研究。实际上研究过程并不危险,但是,厂长发现后却大发雷霆。

于是,只好另外租下了发电厂隔壁的地下仓库,继续进行内燃引擎的试验。虽然他们在试验中非常小心,可还是有一次福特不小心将硫黄滴入燃烧的煤中而导致臭气外泄,引起一场不小的骚动。

也就在这时,巴提尔把福特引见给自己的老板查尔斯·金,这是一位在美国内燃引擎开发史上被记录过的青年。

他是底特律一位退役将军之子,曾在康奈尔大学攻读过工程学,在他父亲死后就休学回到了底特律,在密歇根汽车公司担任了设计工程师。

他在设计铁路运输中,开发了汽锤和火车用的刹车梁,为此而在芝加哥博览会上获得了最高荣誉奖——青铜奖。

金所开发的汽锤和刹车梁被广泛运用于铁路铺设工程上。

金虽然给福特提供了4个真空管,可对福特来说,真空管是最让人棘手的。忠于雇主,守口如瓶的巴提尔并没有详细告诉福特有关金研究汽车的进展情况。

1896年3月,金研制出第一辆车,时速8英里,马达的动力为3马力,车重1300磅(约合590公斤)。

这辆车在底特律产生了重大影响,因为它是该市的第一辆汽车。在他的车驶上马路以后,他便把一些相关资料送给了福特,这对福特的帮助很大,三个月后,福特也把汽车开上了底特律的街头。

那是在1896年6月4日,亨利·福特的第一辆汽车在凌晨2点钉上了最后一颗铆钉。"终于完成了!"福特边用手背擦掉脸上的汗,边低声叫道。

此时的他两眼因睡眠不足而布满血丝,许久未刮的胡子像一丛杂草。

每夜片刻不离福特身旁的助手——爱迪生照明公司的引擎技师毕休普,以及负责制造点火装置的电气技师凯特,模样也都和福特差不多。

他们俩人白天在爱迪生照明公司的火力发电厂工作,吃罢晚饭,就聚集在租来的仓库中,废寝忘食地继续研究着汽车的工作。

"成功了!"福特和毕休普像胜利的运动员一样,相互击掌庆贺第一辆试制车的完成。紧接着的,是怎样把车开到街上去,他的研究室的门非常窄,车根本就出不去,福特马上奔回家,取回一把斧头,举起就往嵌在煤仓砖墙上的小门两侧砍去。

还没入睡的克拉拉从床上跳起,早已进入梦乡的邻居们也被这噪音惊醒,纷纷跑出来看个究竟。外面正下着雨。附近漆黑一片,在初夏的细雨中,身上罩着斗篷的克拉拉,拿来一把伞帮丈夫遮雨。

毕休普把自行车扛出来,他骑在车上在前面引路,这样可以让街上的运奶马车和行人及时让道。福特沿着屋旁的小路,将汽车驶出大街。

这辆车是四行程四汽缸式。他曾试用过二行程汽车,但失败了,因为二行程汽车容易使汽油过早燃烧,而使汽缸内活塞的移动无法与气体的燃烧速度相配合,因此决定改制四行程车。

亨利·福特的第一辆试制车的速度分为两挡,分别为时速 10 英里和 20 英里,若再加上空转装置则共有 3 挡速度。车重约为 500 磅,可以算是非常轻便的。

当然,同当时任何人制造出来的车一样,福特的车也有许多缺陷,它没有刹车,也没有反转装置,倒车时,要靠人把车抬起来调转方向。然而不管怎么样,它总算是开动了!

顺利完成试车的第一辆车暂时被置于毁坏了的砖结构煤堆小屋中。福特一回到房间,立刻倒头大睡。

1896 年 7 月 1 日,爱迪生照明公司在长岛曼哈顿海岸的东方旅馆召开了全国代表大会。当时,爱迪生已是美国最著名的人物之一了,福特非常仰慕这位大科学家。尽管在爱迪生照明公司工作了八年,但一直没有机会与爱迪生本人相见,幸运的是,在这次大会上,底特律分厂的经理将亨利·福特介绍给了爱迪生。

厂长有意借这次会议，让福特作出有关内燃引擎汽车的介绍，来试探爱迪生的反应。若是受到爱迪生的赞许，自己也能沾点儿光；即使内燃引擎的可行性遭到爱迪生的否决，对福特来说也不失为一帖良药，让他彻底放弃发明工作。

厂长不但对亨利·福特怠惰工作，在隔壁的地下室中埋头搞引擎的事不满，而且对于他用轰隆作响的试制车将克拉拉和爱德歇尔载到发电厂来的事也忍无可忍。"今后将是电动车的时代，那种放出臭气的汽车，根本不是人坐的！"坚持这一观点的电气工厂厂长，心中暗暗希望亨利·福特被爱迪生狠狠奚落一顿。

出乎厂长的意料，爱迪生竟对福特的研究领域很感兴趣，他不停地发问，想了解得详细些，福特只好坐在他的身边，拿出一支铅笔，一边解释他的发明物是如何工作的，一边画着草图。爱迪生则用他那失聪的耳朵，全神贯注地倾听福特对他的"咆哮"。

最后，这位大发明家拍着福特的肩膀说："好的！福特先生！继续这个实验吧！电气汽车的电瓶太重，蒸汽汽车的汽锅也是！而你的内燃引擎车就像自己扛着发电厂走一样，构想很不错！"

能受到大发明家的赞誉，福特喜出望外，这更坚定了他致力于这个事业的决心。

同时，他还得到了底特律的梅贝利市长的支持，他批准了亨利·福特提出的申请驾驶执照的请求，甚至还借给他新的车。

此外，就降低发电厂隔壁的地下仓库的租金问题，市长还替他和地下仓库的主人进行了洽商。但这个市长却是另有所图的。

在这段时期间里，出现了3个二号车的资助人，并签订了每人出资500美元的契约。而爱迪生照明公司方面，也把福特的年薪长到每年 1900 美元。

可是，由于他在试制第一号车时用来做工作场所的煤仓不时散发出汽油的臭味，以致街坊邻居怨声迭起，房东于是把福特赶出了巴格雷街。后来福特只好搬到亚历山大街。

在煤仓中制造第一号车仅用了半年的时间，而第二号车却花费了两年才完成。第二号车的马达上加了一层覆盖物。虽然费了这么一番工夫，但这两年对福特来说却是太难得、太珍贵了。

亨利·福特试作的二号车仍然不改一号车大众化轻便化的一贯目标，只是比一号车稍大一些。

爱尔兰移民出身的梅贝利市长搭上了二号车，愉快地往绿意盎然的底特律郊外兜风。

他返璞归真，不顾自己的年岁，以童稚的口吻劝福特组个公司，并且要他当晚就去找麦克米兰先生说说看。

市长说出这位富豪的名字，使福特联想到他离开迪尔本家乡，最初任职的底特律车辆公司和造船厂就是麦克米兰家族所拥有的。

据传麦克米兰是市长有力的政治资源之一，是底特律的一位银行家，也是连接底特律与芝加哥的大西部铁路的开创者。

但是福特表示还要想想。因为他此时此刻的心境正如他自己在自传中写的，已对资本主义有了一些心理上的警戒。

第二号车的试乘者，不光梅贝利市长一人，还有底特律一位叫马非的木材富商。马非也劝他组建公司造汽车。

亨利·福特心思十分细密，他专门请那些底特律富豪来试乘新车，就是想趁机找出资者。底特律汽车公司终于在 1899 年 8 月 5 日成立，拥有资金 15 万美元，麦克米兰是最大出资人,也包括梅贝利市长和木材商,福特分文未出,却拥有若干股,而且被聘为总工程师。

1900 年 1 月 21 日,他为底特律汽车公司造出了第一辆车,这是一种气度非凡的黑色高级轿车,向前突出的车篷下装有可坐一名驾驶员和一名乘客的软垫车座,公司向新闻界介绍了这种新车,新闻界对此反应不一。

他的目标是轻型的大众车。为了以飞快的车速在战略上抓住大众的心,他想先试制赛车。在当时,赛车在美国已超过赌马,是最时髦的玩意儿。

1901 年 10 月 10 日,福特参加了在底特律举行的汽车大赛,此次比赛分三场。

第一场比赛是蒸汽车的 5 英里比赛,来自俄亥俄州的选手获胜;第二场是电汽车比赛,由于速度不快,并不怎么受欢迎;第三场的压轴比赛是 1 英里的竞速。

福特在 1 英里比赛中以普通车参赛,结果落在了最后;最后的比赛是 10 英里的竞距赛,比赛原定为 25 英里,因为前面的比赛给延迟了,才缩短为 10 英里。

尽管如此,比赛还是十分精彩,亨利·福特驾着自制的新车,向当时名声大噪的亚历山大·温顿挑战。

另外一位选手因为在比赛之前发现油箱漏油而弃权。最后形成了福特与温顿二人决战的场面。正式比赛之前,温顿先绕场两周暖暖车子。福特为了调整引擎也慢慢开了两圈。

观众席上出现了骚动,他们发现坐在福特旁边的是库帕,手握方向盘的是福特,旁边助手席上坐的正是自行车比赛冠军库帕。

福特是想以库帕的经验来弥补这方面的不足。比赛就要开始了,车辆并排在起跑线上。枪声一响,赛车双双冲出起跑线。

开始时,温顿的车速很快,车的性能也很好,温顿具有丰富的国际比赛经验,他很快地将福特抛出老远。

经验丰富的温顿在拐弯时方向盘操纵得十分巧妙,毫不费力地拐过几近直角的弯道,福特则在转弯时连连失误。

福特在适应了情况之后,速度越来越快。突然间,温顿的车先是冒出淡淡的蓝烟,然后渐渐扩大成一团黑雾。这场比赛当然是福特获胜,他总共用了 13 分 23 秒,成绩还不错。

福特获胜了,底特律市民把他当英雄看待,并不认为他是因为温顿的车子发生了故障才侥幸获胜的。

赛后,在记者招待会上福特说:"我不会再参加赛车了。"但这并不意味着他将停止制造赛车。

此后,福特的目标是制造两辆拥有 80 马力的大型四汽缸赛车。纽约中央铁路的蒸汽火车头曾在芝加哥万国博览会中展出,颇获好评。

该火车头又创下了由纽约到芝加哥只花费 18 小时的新纪录。车体涂着黄色油漆的蒸汽火车头上,烙上了 999 的编号,当时美国的少男少女将"999"这个数字当作光荣的徽记。

福特在微暗的仓库中,废寝忘食地埋头于制造赛车。

曾是底特律汽车公司出资人——贪婪的木材商马非,雇用了著名设计师福特·里兰,他们趁着福特赛车声望高起之际重组公司,但马非、里兰的目标是制造大型豪华车凯迪拉克,这与福特的想法完全不同,最后迫使福特退出,公司改名为凯迪拉克汽车公司。

亨利·福特也立即找到了新的合作人——汤姆·库帕,即上次赛车的助手,一位自行车赛冠军。

福特利用库帕的资金,与一个新的合作者哈罗德·威尔斯合伙制造出两辆汽车——"阿波罗"和"999"。并且他用"999"参加了 1902 年举行的汽车大赛,结果在 5 分 28 秒内跑完了 5 英里全程,创下了全美新纪录。

◉ 成立公司

20 世纪初期,美国正迅速迈向汽车时代,截至 1903 年,底特律已出现了 57 家汽车公司,亨利·福特也不甘示弱,开始寻找下一个合作者。

1902 年 11 月,亨利·福特和一位叫马柯姆森的底特律煤商共同创建了一个新的公司——福特·马柯姆森公司。

福特与马柯姆森明确签订了开发大众车的契约,他们共

同商议决定,在任何情况
下都要优先生产大众车。

亨利·福特雇用了12
位具有丰富的制造货运马
车经验的工匠。汽车的设
计工作由福特亲自监督威
尔斯进行。

鉴于底特律汽车公司
的惨痛教训,福特认为,目
前的上策是向道奇兄弟订购车体骨架和引擎。

约翰·道奇和霍雷斯·道奇兄弟,在底特律作为机械工
程师技艺超群,而且同凯迪拉克的里兰相比也绝不逊色。不
过,他们就是喜欢喝酒闹事。

道奇兄弟在看了福特的设计图纸和规格说明书之后,带
着明显的傲慢。但是,尽管道奇兄弟的态度非常令人讨厌,福
特还是很诚恳地与道奇兄弟达成了订购车体骨架和引擎的
协议。

1903 年 7 月,公司收到了堆积如山的零件以及由道奇兄
弟的机械厂制造的汽车底盘及引擎。当道奇兄弟生产的底盘
和引擎运来的时候,福特似乎年轻了 10 岁,他手舞足蹈,喜不
自胜。

他不断给负责设计的威尔斯及其麾下的各位工程师、机
械师、装配人员等加油打气,鼓励他们早日完成引擎测试,努
力使所有生产走入正轨。

测试完成后的工序,是装配作业,在底盘上加装铁板,并
分别装上引擎及零件。这辆车就称之为型车。大家一致通过

了福特的提议。这样,型车便成了福特·马柯姆森公司第一辆车的名字。

这辆型车属于小型车,宽 6 英尺,长 10 英尺,有两个汽缸,8 马力引擎,时速 30 英里,附有车篷,车篷可以从座位拉出。

面对自己心血凝成的结晶,福特兴奋不已,与激情满怀的福特不同,马柯姆森则忧心忡忡,因为公司在经营与资金方面面临困境,马柯姆森虽东挪西补却仍不免捉襟见肘。

他必须应付道奇兄弟咄咄逼人的追款,还有装配厂房东接连不断的催讨房租。不过,巧言令色的马柯姆森亲自到房东家拜访,他不但使房东答应延期付款,还借到了 5000 美元,用以发放积久多时的员工薪水。

第一位光顾型车的客户是芝加哥的一位医生。马柯姆森对他记忆犹新,他以 750 美元的价格卖了一辆没有车篷的敞篷车给这位客户,这便是日后型车的定价。有车篷的则是 850 美元。

福特对马柯姆森所定的价格随声附和。以 750 美元卖出,能有 100 美元的利润。如果大批量生产,每辆车起码也可以赚 250 美元! 马柯姆森神采飞扬地大谈利润问题,而此时的福特却眉头紧锁,满面愁容。

1903 年秋冬季,福特废寝忘食,每天工作长达 16 小时,销售额稳步上升。他必须完全消化道奇兄弟的 650 套组件。到 1904 年春,这个目标终于实现了,福特心中的一块大石方才落地。

然而,正当马柯姆森兴高采烈地计算着 650 辆汽车将获得 10 万美元利润时,危机到来了。客户们怨声载道,马柯姆森为扩大销售网点而设在各地的代理公司也提出意见,诸如"会漏油!""热度过高!""汽化器故障!"等。

福特亲自挂帅,率领工程师到客户和代理商那儿去修理,以解决他们的不满情绪。他很快发现故障出在道奇兄弟的产品上。

不久,质量不好带来的风波尚未平息,福特又提出了他的新方案:下一个目标是6个月内卖出1700辆车!

福特只对柯冉斯透露了他的计划,他打算在比基特的空地设计一个比目前工厂规模大10倍的大工厂。

至此,福特仍然坚持开发价格低廉、性能卓越的大众车。

5年间,从A型车到F型车,按照英文字母的顺序,福特总共生产了8种车型。

柯冉斯是福特汽车公司经营部门的负责人,他把特约经销商们提出的意见内容向福特一一做了详细报告。

经销商们都说他们要求款式新颖,更具变化,颜色种类再多一些,这样会更容易卖。另外,还要爬坡力强。

1908年3月18日,由福特和柯冉斯亲自策划的福特型销售计划,是采取秘密拟定的方式进行的。

福特不声不响地印发了型车的商品目录,型车的照片也被附印在上面,然后秘密地将这些目录发散给福特汽车公司的主要的经销商。经销商们收到福特邮寄来的信封有些莫名其妙,等拆开信封,仔细看过里面的商品目录、说明书和价钱表之后,才醒悟过来。都赞同这是个难得的奇妙的构思。

商品目录上的型车较之尚未售完的型车是介于有篷车和敞篷车之间的一种造型,款式更新颖。

根据商品目录上的销售宣传,型车有如下几个显著特征:一是使用了软质坚固的钼钢合金材料制造;二是4个汽缸都在由两个半椭圆形的钢板支撑着的同一铸模内,发动机体积较小;三是变速器全部隐蔽在车体内,不像以前那样露在外面;四是方向盘设计安装在左边,与欧洲车方向盘的位置相反。

难以置信的是,福特给经销商们的定价竟然只有825美元。当福特得知经销商们的兴奋之情时,毫不犹豫地作出断然决定,立刻选定了推出新车的发表日期。

10月1日,亨利·福特决然拉开了一场新车宣传线的帷幕,这出其不意的一举着实令世人震惊,这是史无前例的创举。

先不说报纸、杂志上那些大篇幅的目不暇接的宣传,仅以邮寄广告方式,在全美展开的唯一的声势浩大、规模空前的宣传活动,就连席亚斯和鲁巴克也自叹不如、甘拜下风。亨利·福特并不满足于以邮寄广告方式所获得的效果,他还通过电报和电话的方式,直接迅速地告知消费者。

亨利·福特抓住一切机会进行宣传,在同年春天即将创刊的《福特时间》这一杂志上,福特同时做了宣传。在杂志中,福特的广告写道:"自从型车发售以来,凡是购买型车的顾客均可以享受邮资免费的优待。"这本杂志相当畅销,到了1910年,这本杂志相继用法文、西班牙文、葡萄牙文、俄文等几种文字大量发行,到了1916年,其发行量已达60万份。

型车为福特带来了高额利润。仅1年的时间,销售量就达6000部,创下历史的最高纪录,所获净利润比过去5年的总销售额还高出200万美元以上,尽管为型车投入了巨额宣传费用,但将其减除掉,剩余量仍是相当可观的。毋庸置疑,此一盛举为亨利·福特写下了一生中灿烂夺目的一页。

次日清晨,也就是10月2日,1000多封邮寄的汽车订单被送到福特公司。隔周的星期一,所收到的订单更是多不胜数,销售部的工作人员几乎力不能支了。

到1909年3月31日,也就是型车销售后的第六个月,共计有2500辆车被售出。之后,亨利·福特立即下达命令,改变型车的颜色和外型。

车的颜色一改过去的黑色,根据车的用途将颜色分为3种:充满活力的红色的旅行车、朴实实用的灰色的一般大众代步车和气派高雅的绿色的豪华车。

在车子前面锃亮的散热器上,镶嵌着一个经过注册的"福特"的商标。这个商标煞是醒目,在半英里外就能清楚地看到。同时,它还产生了相当美观的效果,因此,颇受用户的青睐。

然而,这些出乎意料的纷纷而至的汽车订单,却向福特提出了新问题,显然只有提高生产能力,才可以满足现有的需求。

在席亚斯和鲁巴克商品目录式宣传品销售系统的启发下,福特汽车所采用的革命性大量生产方式和依照通信社组织而编成的、规格化报纸新闻,无疑都是顺应时代发展需要的产物。亨利·福特型车则是采用按规格化流水作业而进行汽车组合的生产方式。

原先,由亨利·福特与投资家马柯姆森共同创立的公司,在底特律的比格顿大道上租赁的总工厂,经修缮和改建后,只是个汽车装配厂,而汽车发动机、车身、零件等差不多都是以外包方式在福特·马柯姆森汽车公司的卫星厂加工生产的。

而在这期间,马柯姆森一贯主张要生产豪华车,后来因为生产观点不同,亨利·福特和他的创业伙伴投资家马柯姆森终致决裂。

福特的大量生产的计划方案即将付诸实施。法兰德斯原是一个机械商人,1905年被福特·马柯姆森汽车公司发掘录用,在贝尔比大道新成立的福特汽车公司的装配工厂里担任设计型车的工作。

法兰德斯不仅是一个机械商人,而且也是引导美国走向大量化生产制度的一大功臣。他出生于美国东北部的弗莱蒙特州,曾担任过胜家缝纫机的对外业务员,为了标准型缝纫机的大量制作,亲自购买了大量的铁和钢等材料。

法兰德斯除了提出大量采购的方式外,还提出了流水作业的生产方式,对胜家缝纫机的产业进行计划更新。

与此同时,福特公司还发掘了另一名年轻的机械工程师,他是国际农业公司农耕器具的设计者伍德林格。

在人口4000左右的海兰德公园绿地,亨利·福特购买了一块工厂用地,面积为60英亩,这块用地位于底特律的北方,周围环绕着新兴的卫星城住宅区。

在比格顿大道总工厂的三楼,福特专门设置了一间秘密设计室,这间设计室的门被反锁着,门上贴着"禁止出入"的纸条字样。

在这里,亨利·福特亲自挂帅担任总工程师,他的得力助手哈罗尔德·威尔斯以及被发掘来的法兰德斯和伍德林格也在这间秘密设计室里忙碌着。大量生产价廉、轻巧、马力强的大众车,成了秘密设计室的设计者们的奋斗目标和宗旨。

最初,亨利·福特对于这班人马究竟要设计制造什么样的型车,并没有确立明确的方向,只给了非常模糊的指示。一

直到 1906 年,也就是说当型车原型的型车的生产步入正轨后,福特才下达明确指示:

"制造四汽缸、20 马力、引擎一体成型的闭锁型引擎。采用二进、一退的行星齿轮装置,并且用质轻而强韧的钏钢来制造车身。"

福特还一再强调大众车的原理:引擎规格化,使对机械不熟悉的一般大众也可以操作、修理。

1908 年 10 月,型车开始发售,海兰德公园的新工厂在 1914 年初才全部竣工,而在此之前,即是 1910 年,比格顿大道的总厂就已部分迁移到了尚未完成的新工厂了。

在新工厂竣工时,型车的生产早已踏入正轨,社会需求量极大,福特汽车公司的新工厂已供不应求。

因此,在新工厂竣工的同时,又继续将厂房扩大了 60 英亩。

福特一贯追求降低成本,在部分迁厂的过程中,由于使用了生产流水作业的带式连转机系统,他才如愿以偿。

型车自从 1908 年问世以来,到 1927 年为止,在整整 19 年的时间里,总共产出了 15007033 辆,创下了前所未有的喜人纪录。

◎ 抵制战争

早在 1914 年第一次世界大战爆发时,福特就深深惋惜战争是一种惊人的浪费。在 1915 年春,欧洲战争正吃紧。每日报纸上都有大篇幅的战况报道,福特的办公桌上当然也少不了这些报纸,每天早上他都要浏览一番。

有篇报道统计:交战双方损失严重,阵亡人数已达 2 万。看完这一报道,一些精确的数字就立即闪现在福特脑海中:如果年利率以 5% 计算,要换算成福特汽车公司 2 万名职工的年薪 3000 万美元,就必须投入 6 亿美元的资金,才能产生出这笔 3000 万美元的利息。福特不禁双眉紧锁,惋惜不已地连连摇头。

为了适应战争需要,陆海军部提出将海兰德公园工厂改为军械工厂的要求,但遭到福特严厉拒绝,他放弃发财的良机,拒绝军用武器的订单。

福特对于战争的看法,被记者塞欧道亚·德拉宾添油加醋地以全版篇幅大肆渲染一番后,以极为醒目的大标题《反战论者——亨利·福特的提议》报道出来,立即引起社会各界的强烈反响。

新闻媒介的力量一向是不容忽视的,更何况德拉宾的这篇报道是极具煽动性的,所以尽管福特后来对报道提出异议,想说明自己不是那个意思,但局面已无法挽回,社会上已产生了相当大的骚动。

这篇报道在《底特律自由报》上登出后,各种各样的不同凡响在全美各地纷纷反映出来,其中有褒有贬,毁誉交半,有些反

面的反应着实使福特公司一
时措手不及,难以应付。

匹兹堡和纽约的许多
工商业者纷纷要求取消型
车订单,英格兰的报纸拒绝
继续为型车刊登广告。诸
如此类的打击纷至沓来,但
这并不能吓倒福特,他仍不
退缩地继续自己的事业。

国内反战的和平呼声越来越大。根据有关情况获悉,有
300多名和平反战主义者参加了1915年在芝加哥举行的一次
国际和平会议。这次会议之后,掀起了"持续性调停运
动"——草根运动。前斯坦福大学校长大卫·乔登博士及和
平主义者珍·亚当斯女士成为这一运动的前导引起了一直对
战争持反对态度的福特的浓厚兴趣。

恰巧,在荷兰的海牙,曾有一个世界妇女大会也在同年4
月举行。洛西卡·史威玛,一位匈牙利籍的犹太女记者,也是
此次大会的参加者之一。史威玛将芝加哥大会中决议的"持
续性调停运动"又一次提上议事日程,积极促使海牙大会也支
持这一运动。她希望能得到当时的美国总统威尔逊的支持。
史威玛虽然荣幸地得到威尔逊总统和蔼可亲的接见,但由于
当时的威尔逊总统采取的是"不介入"政策,所以,史威玛提
交的决议案被扔在了一边。

失望之余,史威玛要求与福特见面。她的这一要求被热
心的马季斯牧师传达给了福特,促成俩人顺利见面会谈。于
是,福特在史威玛的影响下开始涉入草根运动。史威玛不仅

是一位气度不凡的女记者,同时也精于钢琴,是一位颇有名气的钢琴家。

史威玛女士得到了福特热情的午宴款待,进餐的时候,史威玛女士心平气和地对"持续性调停运动"的内容加以解释说明。

她告诉他,她带来了德国首相致威尔逊总统的信函。但是威尔逊总统拒绝了德国首相所提出的和平建议案。时间飞快地过去,不知不觉已是黄昏,史威玛起身告辞,在彼此道别寒暄时,福特出乎意料地发出邀请:"明天请到舍下一叙,我想介绍我太太和你认识!"

第二天,史威玛欣然赴约,在福特家的聚会结束时,史威玛说:"我现在要搭夜车去纽约,我和珍·亚当斯及哥伦比亚大学卡克威教授约好了在纽约比尔特摩饭店见面。"这时,使史威玛惊讶不已继而又极为兴奋的是,福特准备和她一起同行。史威玛在比尔特摩饭店的聚会中,提出了一个方案:"派遣一艘开往欧洲的和平巡礼船,除了访问各参战国的港口之外,并向各参战国元首阐明战争的不智。"

史威玛不仅人美,说出的话也是动人的。福特被她的这个"和平的巡礼船"的建议深深地打动了。通过马季斯牧师,纽约斯堪的那维亚、美洲航线分行负责人立即被召到了福特面前。没有任何迂回,福特开门见山地提出订船的计划,并准备在感恩节出发。

但由于准备工作中出了差错,直到1915年12月4日下午2点多,"奥斯卡二世"号才从哈得逊河口的霍博肯港码头起航。爱迪生夫妇和悲伤不已的克拉拉来到了船上,为福特送行,祝愿他远征平安顺利。

"奥斯卡二世"
号的旅客们,主要有
福特和出自他的秘书
团的 83 名反战和平
团体的男女代表,以
及一个由 54 名记者
组成的记者团。

"奥斯卡二世"号离开霍博肯港后的 12 天,在横跨大西洋
的航行中,船上发生了一些事情。如果要想了解所发生的"动
乱",应该先考察一下"奥斯卡二世"号上乘客的背景。大部
分到码头上来送行的人,都是狂热的激进派以及神经质式的
学生和劳工左派分子。这些狂热的激进派中,既有非政治性
的宗教狂热集团,也有禁酒运动和禁烟运动的领导者。

12 月 8 日,是船离岸后的第 4 天。"奥斯卡二世"号在大
西洋上遭到了暴风雨的袭击。

当天晚上,亨利·福特莫名其妙地发起了高烧,经过诊
断,随船医师说是流行性感冒,应该进入奥斯陆之后就住院,
但是奥斯陆太冷了……只要病况能稍有起色,最好还是能到
比较暖和的地方去住院治疗! 12 月 6 日,"奥斯卡二世"号安
全抵达奥斯陆港。

此后,宗教狂热分子和激进派等反战论者开始包围福特,
无奈之下马季斯牧师用毛毯把昏迷不醒的福特裹起来,在夜
幕的掩护下,搭汽车离开奥斯陆港码头。

美国舆论对于归来的福特给予了无情的抨击,说他是"为
了促销型车所做的沽名钓誉之举"、"福特是叛徒"、"他从德
皇那得到好处"等等。这对于患重流行性感冒、被马季斯牧师

从"奥斯卡二世"号狂热的激进派群众包围中救出的亨利·福特来说,无疑是非常冷酷和不人道的。但是尽管面临这些打击,福特却一点也不气馁与退缩畏惧。

◉ 最后岁月

在留守的爱德歇尔的管理下,工厂的生产照常进行。这就是面临如此无情的攻击,福特却能屹立不倒的理由。要知道海兰德工厂型车的每日出货量仍维持在 2000 辆。

能与报纸这种中伤报道相抗衡,并可用金钱买到的唯有广告!任何解释都是多余的。他决定在全美所有报纸上刊登整版的广告。尽管福特作出了一系列的努力,美国舆论还是受到了马克西姆备战论和鹰派新闻论调的强烈影响,而且越来越趋于疯狂。

1916 年,是一个选举总统之年。全国大会是负责指定总统候选人的机构。就在大会召开指日可待时,威尔逊总统向州兵发出了召集令。总统一直倾向备战论,并极力提倡"不介入"的中立路线,这时候却在行动上来了个大转变。

同时,没过多久,福特态度也有了根本性的转变,可以说,来了一个一百八十度的大转变,变得像过去热心和平时那样热心于现在的战争了。

1939 年,亨利·福特 76 岁。这一年的 9 月 1 日,希特勒对波兰实施闪电战,一天占领了波兰,第二次世界大战爆发了。福特和查尔斯·里德堡上校都主张不介入的孤立主义。

由于彼此思想有许多共同之处,两个人谈得很投机,关系也日渐密切。虽然福特认为国家应有一定的防卫措施,但对于以对德作战为主要目的的英国劳斯莱斯公司的引擎订单,他仍予以坚决拒绝。从这件事我们也可以看出,在两次世界大战之间福特对于战争的真正看法。

儿子爱德歇尔于1916年和艾莉亚·克蕾结婚。当时,底特律大财阀约瑟夫·哈得逊创造了可与凯迪拉克相媲美的哈得逊汽车公司,克蕾就是约瑟夫·哈得逊的侄女。在亨利·福特决定参加议员竞选时,爱德歇尔正式就任福特汽车董事长。

1917年,爱德歇尔和艾莉亚婚后1年,他们喜得一子,这就是亨利·福特二世。

1922年,第一次世界大战带来的萧条过去之后,型车的月产量达10万辆;若按年计算,就是120万辆。

亨利·福特在第一次世界大战后有效地克服了经济萧条状况,型车的月产量达

10万辆,同时,他还连续不断地扩大他的垂直型结构组织,并建立了独立银行系列网络,可控制整个密歇根州。

金融界的福特王国业已成形。最初,他计划对经销商和福特汽车的一般用户给予独立的金融资金;但后来随着事业

范围的逐步扩大,还包括密歇根州民用房屋贷款。在经济大恐慌的侵袭下,联合保卫信托银行——福特银行系统中根基最不稳固的一个,即将濒临破产的边缘。在美国有1万家银行破产的当时,这是最稀松平常不过的事情。

然而,福特向胡佛总统提出申请,要求政府提供873万美元的金融资金来解决该信托银行的难题。这样,使得每家银行在面临危机时,都纷纷求助于政府的国营复兴金融。

对于底特律这样的大工业城市都会被波及的经济恐慌,胡佛总统深感畏惧。他除了对福特、克莱斯勒几家大公司采取公平协调金融资金政策外,已经准备答应福特的要求。

可就在政府实施金融资金的前几天,参议员詹姆士·柯冉斯提出了不同意见。因为他的反对,总统被迫放弃融资计划。当福特听到这个消息时,勃然大怒,马上产生了报复的念头,并在心中暗暗酝酿着行动的计划。

他不但从福特系统的所有银行中取出存款,同时,还从纽约的非福特系统各银行提出所有存款。

结果是,底特律的银行在不久后也陷入恐慌,密歇根州州长科姆斯托克不得不下达冻结州内所有银行的命令。这是福特在最后关头给胡佛共和党政权灌下的一剂猛药。

此事发生后3天,胡佛政权便宣告结束,开始了罗斯福的统治。

事实上,福特对美国金融界采取的这种强烈报复手段,确实引导美国从垂死边缘走向了复生。

1947年4月7日,在菲尔连偌大的宅邸里,亨利·福特和妻子克拉拉查看着头一天晚上瓢泼大雨造成的灾害。黄昏时分,他们在附近的餐厅中一起进餐。

克拉拉多年来已养成了一个习惯，就是每天晚上就寝前，都要为福特念一段文章。

这一天，和往常一样，克拉拉念完文章就起身走进浴室。当她回到卧室里，听见福特正在咳嗽。

克拉拉连忙给福特倒了杯水，并扶他坐起来。福特用微弱的声音对妻子说头有点儿疼。慢慢地，亨利·福特的咳嗽停了，呼吸也停止了。脑溢血夺去了亨利·福特的生命，他逝世时 84 岁。

第六章

电脑"天皇"比尔·盖茨

◎ 软件神童

1955 年 10 月 28 日,比尔·盖茨出生在美国西北部的一座城市——西雅图。当时谁也没有预料到拥有空中明星"波音公司"的西雅图,将会因为这个才出生的婴儿拥有"微软帝国"而成为更加辉煌的"梦幻之城";谁也没有意识到他将会成为全美国乃至全世界家喻户晓的人物。

小盖茨的父亲是个有点名气的律师,母亲是一位教师,在小盖茨出生后不久,父亲已开办了一个律师事务所,于是母亲辞去了学校的工作,全心全意操持家务。

当小盖茨 3 岁时,母亲就带着他投入了社区自愿服务事业。她承担的第一个自愿服务工作是为西雅图历史和发展博物馆作讲解员。于是,小盖茨同那些年龄比他大许多的小学生们一同接受本

地区的文化和历史教育,母亲一次又一次的讲解使小盖茨对
文明的理解与向往逐日深化。

在比尔·盖茨还是一个小学童时就写下了这样的日记:

"……对于一个人来说,一生中最重要的事情莫过于信
守由人类的理智所提出的那种至高无上的诺言……""也
许,人的生命是一场正在焚烧的'火灾',一个人所能够做,
也必须去做的,就是竭尽全力要在这场'火灾'中去抢救点
什么东西出来。"

一个需要巨人的时代终会产生巨人的。即使还是一个孩
子,也同样拥有巨人的抱负和志向,这是一个天才的素质。

在比尔·盖茨小学四年级的时候,一次老师让全班同学
写一篇20页以内的故事,令师生们吃惊的是,盖茨写出的故
事洋洋洒洒竟长达100页。他就是这样执著而富于进取。

父亲的律师工作和母亲的社区服务使孩提时期的比尔·
盖茨有更多的人际交流经验。父母总是鼓励和提供机会,使
他尽可能多地参加社区活动,来锻炼提高自身素质。同时,他
也形成了自己与众不同的性格,这就是:办事执著,不从众,只
要是他想干的事情,就一定干到最好。

到11岁时,比尔·盖茨开始了他人生的第一个关键性里
程:进入湖滨中学。

湖滨中学是一所私立中学,这是一所在西雅图最好的学
校,学校收费很高,来这里上学的都是有钱人家的孩子。为
了保证学校的教学质量,学校制定了严格的管理和教学制
度,教学标准很高。为了鼓励孩子们好好学习,学校建立了
竞争机制。

正是这样的环境激发了比尔·盖茨那出人意料的智慧火

花和天才般的创造力。她如同一个伟大的熔炉,既铸造了比尔·盖茨未来的性格,又锤炼了他理智的素质。正是在这里,使他身上禀赋的一切:精力、热情、理智、坚韧、进取心、执著、竞争精神、渴求、经商才能、企业家风范和运气等得到了有效的提炼和融汇。

湖滨中学也因培养出比尔·盖茨这样的杰出人物而扬名海内外,被誉为"微软的摇篮"。

为了开发学生们的智力,湖滨中学早在 1968 年就决定让他的学生们了解计算机,并作出了一项具有重大意义的决定:租用通用电气公司的 PDP—10 型计算机,让学生去涉足这个崭新和令人兴奋的计算机世界。

由于昂贵的租用费无法解决,所以学校本身只买了一台价格相对便宜的电传打字机。使用者可以在电传打字机上输入指令,让它通过电话线与 PDP—10 型计算机联网,通用电气公司按学生们使用计算机的时间向学校收费。

在当时,计算机的使用费也十分昂贵。湖滨中学一些学生的母亲成立了一个母亲俱乐部。

热心社会活动的比尔·盖茨的母亲召集了一群妇女兴办了一次拍卖活动为孩子们使用计算机筹资,第一次拍卖活动筹集了 3000 美元,终于使学校里的电传打字机成为 PDP—10 型计算机一个终端。

伟大的母爱使比尔·盖茨激动万分,终生难忘!

比尔·盖茨一接触到计算机就像着了魔似的,计算机神奇的运算能力和严正的逻辑让偏爱数学的他从中发现了从未有过的乐趣。于是,学校的计算机房成了对他最有吸引力的地方,那台通用电气公司的 PDP—10 型计算机成了比尔·盖茨的魂魄。

自从接触计算机后,计算机占去了比尔·盖茨全部的空余时间。他全身心投入操作和练习,并如饥似渴地到处寻找计算机方面的资料和书籍,在家中每天早晨起来做的第一件事就是坐在一大堆计算机书籍面前急切地翻阅。一到学校,总是迫不及待地寻找机会到高学部去,把自己关在计算机房,去实践从书本上学到的计算机知识。

在计算机房,比尔·盖茨很快发现了一群同他一样对计算机痴迷的小伙伴,计算机又使他们很快成为好朋友,其中的保罗·艾伦、麦克唐纳、韦兰、拉森等后来都成了卓有成效的计算机专家。

由于计算机方面的才能,比尔·盖茨很快在湖滨中学享有盛名。尽管他是低学部的学生,但高学部的同学也纷纷向他请教有关计算机方面的问题。当然,也有人向他挑战。但所有的问题和难题都被他一一解决了。

然而,仅几个月的时间,由于学校无法支付昂贵的上机费用,不得不对学生们规定,在上计算机课之外的时间使用计算机,必须支付每小时

40 美元的费用。

不久,西雅图成立了一家计算机中心公司,这是一家西雅图私人公司,几乎垄断了整个西海岸的计算机租用业务。

湖滨中学使用的 PDP—10 型计算机已由通用电气公司转到计算机中心公司。

中心公司成立不久,盖茨及其伙伴们发现了中心公司 PDP—10 型计算机软件程序与湖滨中学使用的软件程序有差异。

很快,这群孩子们就找到了缴少量的钱就能长时间使用计算机的方法,这就是,不使用 PDP—10 型计算机原来的程序,而直接调用计算机中心的其他指令操作,按他们的程序来工作,并且让使用计算机的时间保持不变。

由于解开了机器码的奥秘,使盖茨和他的伙伴们赢得了大量玩计算机的时间。有一次,盖茨为了调出计算机中心公司的存档文件,最终破坏了 PDP—10 计算机的安全系统,找到了他们个人的账单,并且修改了他们使用计算机的时间记录。盖茨当时为这一"绝招"的成功得意了很长一段时间。

很快,计算机中心公司的专家们发现了盖茨的小把戏。为了计算机系统能有更好的安全性和可靠性,中心公司不得不接收湖滨中学的计算机来做测试工作。

中心公司给盖茨和他的伙伴们的任务是为计算机的系统找问题和寻找发生问题的原因,获得的回报是,可以无偿使用计算机。这是一个让计算机迷激动的交易。盖茨用"久旱逢甘露"来形容自己的喜悦心情。

于是,盖茨和他的伙伴们把大量业余时间都花在了计算机房。每天放学后,他们就背着书包,披着残阳余辉,急匆匆地赶往位于华盛顿大学的计算机中心公司。他们在那儿待得很晚,有时要干到午夜12点钟以后。

经过一段时间的探索和记录,由盖茨和艾伦写成的《问题报告书》已增至300多页。同时盖茨对计算机系统的破坏性测试也取得了一些结果。盖茨极具破坏天赋,他发明了一种叫"画线者"的计算机病毒。通过它,盖茨就能够控制整个系统,甚至导致该系统全面崩溃。

由于计算机中心公司系统安全性一直得不到可靠的保障,再加上财务方面的原因,1969年年底,计算机中心公司不得不提出破产申请。

这是一件让盖茨感到非常伤心的事。中心公司破产后的9个月时间里,比尔·盖茨再也没有玩计算机了。

在这期间,盖茨疯狂地读书。自然科学、数学、历史、文学什么都看。其中有两本书影响了盖茨后来的发展与成就。一本是人物传记《拿破仑传》,他读得非常投入,拿破仑一生的言行引起他的共鸣,拿破仑在政治生涯结束时,有了一个反思的机会,他对自己所作的总结,盖茨看后暗暗叫绝。

另一本是塞林格的长篇小说《麦田的守望者》,16岁的主人公考菲尔德因对生活腻烦透顶,就逃学、离家、流浪,最后精神崩溃,被送进医院……表现青少年不希望自己长大成人,对

成长有排斥心理，但却不能不面
对因长大而面临的种种现实问
题。盖茨感到自己正是书中的
人物。

1971 年年初，当盖茨还不满
16 岁时，他得到了第一笔业务：一
家"信息科学公司"总裁汤姆·迈
克雷林跋山涉水、跨州过府，从俄
勒冈州到西雅图，慕名来找被称

为"电脑神童"的盖茨和艾伦，请他们代公司的客户编制一份
工资专用程序，酬劳是价值 1 万美元的电脑"机器时间"。这
段"机器时间"足够他们玩一整学年的课余时间。

在与信息科学公司的这笔交易中，盖茨学到了许多经营
之道，同时也表现了他非凡的商业才能。首先，他将他的伙伴
们组成湖滨中学计算机程序编制小组，以正规的合作团体与
信息科学公司交易。

然后，盖茨为这项工作安排了一个时间表。当复杂的工
资单程序完成之后，盖茨、艾伦、伊文斯和韦兰到信息科学公
司总部与董事们进行了一次真正商业意义上的谈判。

在如何向信息科学公司索取报酬的问题上，其他的孩子
几乎对此事一无所知。这时，盖茨提出，根据现行的法律，他
们应该按版权向信息科学公司抽取利润，经过交涉，公司同意
按该项目所获利润的 10% 向盖茨的小组支付报酬。

1971 年秋天，艾伦从湖滨中学毕业，考入了华盛顿大学，
选择了新兴的计算机学科。

入大学不久的艾伦在一本电子杂志上发现一篇关于世界

上第一个微处理器 Intel 4004 芯片的报道后告诉盖茨："这种芯片肯定会越做越好，而价格会更便宜，意味着我们也能购买好性能的电脑。"果然，没多久英特尔公司推出了 Intel 8008 芯片，速度快两倍但价格却更便宜。于是盖茨与艾伦合资 360 美元，买了一个 8008 微处理器。

随后，他们自己动手安装了一台简易电脑。经过两个人的一致决定，他们成立了他们的第一个公司：交通数据公司。

根据两个人的特点，盖茨和艾伦实行分工合作，艾伦负责利用华盛顿大学的 PDP—10 小型电脑，用组合语言编写一个程序，模拟 8008 的功能，盖茨再在这个作为模拟器的程序基础上开发应用程序，用来分析交通资料。

不久，他们的交通流量分析软件开发成功了。产品一出世，他们就到处发信推销自己的第一个劳动成果。西雅图市、马里兰州和不列颠哥伦比亚等地分别与他们的公司签订了合同，盖茨和艾伦在这笔生意中赚了 2 万多美元。

◉ 崭露头角

初涉商场获得的胜利鼓舞了盖茨。但由于盖茨中学毕业后面临着上大学，再加上政府决定免费提供交通分析服务，他们的公司也就不能再办下去了。

当盖茨快要中学毕业时，即 1973 年 1 月，接到了来自一家大公司的业务邀请。这家公司看过盖茨和艾伦为获取免费使用计算机而写过的《问题报告书》，想聘请盖茨和艾伦为程序员，任务是寻找解决计算机病毒的办法，报酬是每周 165 美元。

盖茨正处在中学的最后一个学期，可以不必天天来上课，有了更多的自由支配的时间。而艾伦就没有那么幸运了。为了这份他喜欢的差使，他不得不停学。两个人在该公司的驻地租了一套公寓，把做程序员的工作接了下来。

盖茨中学毕业后顺理成章地被哈佛大学录取。一般的孩子，中学毕业后考取了大学，会利用进大学前的漫长假期痛痛快快地玩一玩。盖茨也可以如此。

可是，程序员的工作和计算机的魅力深深地吸引着他。他无暇考虑怎样去玩，而是和艾伦一起每天夜以继日地工作，常常是渴了喝一罐可乐，饿了吃一张馅饼。他们在计算机前通宵达旦地干。在这里，两个人的计算机技能和知识水平都有了突飞猛进的发展。

开学的时间到了，盖茨不得不暂时离开他喜欢的计算机软件工作，到哈佛大学去报到。盖茨虽然进了哈佛大学，可是心却仍然留在了计算机里。好在哈佛大学有个计算机中心，这给盖茨提供了一个良好的场所。

平时把主要精力用在计算机上，但在临近考试时，他却全力以赴、昼夜加班突击背笔记和必考的内容。

就这样，他保证了每门课程都能获得及格成绩。而在计算机方面，他却达到了没有哪个同学能与之相比的程度。

为了与盖茨及时联系，艾伦已经退学，他来到了波士顿，专心在计算机行业寻找新的开发项目。

盖茨一边在哈佛大学读书，一边想着计算机领域的开发，而且把主要的心思都用在了计算机上。他几次想退学去从事计算机开发的事业，但由于父母的反对和未找到合适的项目，他不得不继续在哈佛上学。而他的好友艾伦则是一有计算机世界的新动向，就跑来告诉盖茨。

1974年12月圣诞节前的一个寒冷早晨，艾伦在一份杂志上见到了一台微型计算机照片，就拿着它来找盖茨。盖茨见说明文中写道："世界上第一部微型计算机，可与商用型号的计算机相匹敌。"就高兴地对艾伦说："看来计算机像电视机一样普及的时代就要到来了。"两个人都兴奋不已。

他们在朦胧中看到了自己的事业和梦想，因为，盖茨和他的朋友艾伦擅长的是计算机程序。如果计算机得不到普及，那么，对程序的需求也就不会兴旺。

相反，当计算机普及的浪潮到来时，人们对计算机各种程序的需求就会自然地成为一种必然，这样，盖茨和艾伦就有了用武之地。这两个天才少年用他们自发的兴趣和天才的头脑，预见到了一个庞大的新兴科技领域的出现，并为之准备了优秀的头脑。

在兴奋之余,盖茨和艾伦决定,为新诞生的微型计算机编制语言,即系统软件。他们早已懂得,真正的计算机用户,在得到计算机之后,所使用的主要是计算机现成的程序,如果没有便于应用的程序,计算机本身就如同一台高级废物。

几天以后,盖茨给生产第一台微型计算机的微型仪器遥测系统公司打电话,要求为这台新型微型计算机编制使用程序。该公司的创办人已经接到了好几个这样的电话,所以,对盖茨说道,如果你真的做成了,就应该拿来试试。

盖茨和艾伦很快投入了这个语言程序的开发工作,两个孩子昼夜奋战,一刻不停地干起来。经过连续8个星期的奋战,他们为微型计算机设计了一个取名为"登上月球"的游戏程序。

在实验后,他们认为可以让这个程序工作了,于是,就由艾伦带着这个刚刚诞生的程序,乘飞机到新墨西哥州的微型计算机诞生公司去试用了,而盖茨则留在学校等待艾伦的消息。他的心情是紧张和不安的。与盖茨怀着同样心情的艾伦,在实验室里慢慢地输入程序,时间一分一秒地过去。结果是,第一次实验就获得了成功。

做完测试之后,艾伦干的第一件事是奔向电话机,把这个好消息告诉比尔·盖茨。焦急不安的盖茨的那颗久久悬起的心终于放下了。他在电话里兴奋地对艾伦说:"这是我人生最关键的时刻,我已确定了今后发展的方向!"

但当微型机公司提出立即把他们设计制作的程序推向市场时,盖茨立即冷静了下来。这个聪明的少年,不仅有过人的才能,而且有着超越一般人的理智。他懂得,市场上需要的是完善的产品,而他设计的程序则刚刚经过实验,必须经过反复实验,直到完美无缺之后,才能在市场上站住脚。

与此同时,盖茨认识到,一个无限广阔的商业机会到来了。在这个商机的诱惑下,哈佛大学对他的吸引已经降到了第二位。他毅然决定,自动退学,和艾伦一起去开办软件开发公司。就这样,盖茨不顾父母的极力反对和亲人的遗憾,未毕业就离开了著名的哈佛大学。

1975 年 7 月,盖茨和艾伦成立了微软公司。公司的名称是根据他们的开发对象确立的,"微"是微型计算机的简称,"软"是代表软件。他们开发的第一个产品,就是为第一台微型计算机设计的运用 BASIC 语言的程序。由于盖茨在 BASIC 开发方面做的工作很突出,所以,他对公司负有的责任和得到的利益占 60%,艾伦则占 40%。因此,盖茨就成了该公司的董事长。

公司成立后,得到的第一个合同就是为第一台微型机开发能够上市的应用程序。在签署合同的过程中,显示出盖茨不仅是个电脑天才,而且具有经商和谈判的天资。他的商业知识和法律知识比起成熟的公司老板来毫不逊色。

在这第一个合同中规定,微软公司将收到 3000 美元作为协议的订金,并按每个拷贝收权利金:4K 版本 BASIC 每个拷贝 30 美元;8K 版本 BASIC 每个拷贝 35 美元;扩展 BASIC 每个拷贝 60 美元。这种按拷贝收权利金的软件转让方式在当时是罕见的。

随着工作的开展,他们学会了许多事情:雇员工、租房子、订合同……他们经常工作到深夜,盖茨老是喜欢睡在桌子底下,开会时干脆躺在地板上动脑筋,有时会议一结束,他就开始进入了梦乡。

有一次,来了一个客户向他们请教 BASIC 语言编程问题,他们竟由于过度劳累而在客户面前呼呼大睡。

第一批被微软公司雇用的员工,大多数是盖茨在湖滨中学的伙伴。

微软的发展还算顺利。没过多久,在微软公司的客户名单上,有了通用电气公司、安讯公司、德州仪器公司、日本理光公司、美国银行等知名公司。

至 1977 年,微软公司营业额已高达 50 万美元。

随后,微软公司开始考虑搬迁问题。有些员工劝盖茨将微软公司迁往加利福尼亚州的硅谷,这有利于微软公司的发展。

在硅谷，云集了许多高科技公司，诸如闻名世界的惠普、苹果、英特尔公司。在 20 世纪 70 年代末期，硅谷的扩展速度十分惊人，在不到 1300 平方英里的土地上，数以千计的公司星罗棋布，许多年轻的大学生赤手空拳来这里创业，不出数年，他们就成了百万富翁。

同时，硅谷也是电脑业精英云集的地方，同行之间的交流与合作，对自己公司的发展不无好处，何况附近又有斯坦福大学和加州大学，这些知名学府有充足的科技人才满足公司的需要。

对故乡十分怀恋的艾伦，则力争把公司迁回故乡西雅图，这时，盖茨的父母也力劝微软迁回西雅图，他们认为，在西雅图他们能实实在在地帮盖茨一把。

1978 年夏天，盖茨郑重地向员工们宣布：微软公司迁往西雅图。岁末，微软公司完成了搬迁西雅图的工作，新办公室是租用近郊贝拉雄国家银行大厦里的写字楼。

1978 年，可谓是微软公司风调雨顺的一年，营业额突破了 100 万美元。1979 年春天,微软公司在新产品开发上取得了重大进展,他们为当时最先进的英特尔 8086 微处理器编写 BASIC 语言程序,以完美的声誉走向市场。

到 1979 年底,微软的年营业额已达到 250 万美元。除了他们的 BASIC 已成了个人电脑的工业标准外,还开发了个人电脑的 FORTRAN 和 COBOL 语言,手中握有好几种拳头产品。

◉ 挑战 IBM

1980 年,对微软公司和盖茨本人来说,都是个值得纪念的年份。这年 6 月,盖茨在哈佛大学的牌友斯蒂夫·帕默尔进入了微软公司,担任总裁特别助理。

帕默尔具有天生的经商才能、组织才能而且很有鼓动性。听帕默尔讲话好像是在聆听上帝的福音。把盖茨和艾伦从经销琐事中解放了出来,很快使迁回西雅图不久的微软公司各项事务系统化、有条不紊。

1980 年 7 月的一天,天气炎热难熬,而工作狂盖茨仍旧在他的办公室闭门研究为一家名叫"阿塔里"的公司研制一种 BASIC 语言事宜,以便第二天与这家公司的董事长进行商谈。

突然,他接到一个神秘的电话,对方称自己是国际商机公司代表,要盖茨尽快安排一次会晤。

那位商机公司的代表还声称:"两个小时后我们的人就要乘飞机到你那儿去,明天到。"

盖茨这才感到事情非同小可,一家年营业额达 280 亿美元的巨型企业,居然愿意与微软这个年营业额不过 250 万美元的小公司商谈业务,而且对方又显得那样急迫,这是盖茨始料未及的。

尽管盖茨尚未明白将要与国际商机公司商谈的具体内容,但直觉告诉他:微软公司发展的机会已经来了。他马上答应了对方的要求,并立即通知取消第二天和阿塔里公司董事长的约会。

国际商机公司由于其著名标志采用蓝色,公司职员常穿着蓝色西服,加上在 20 年间非凡的成功,常常被人恰如其分地称做"蓝色巨人"。特别是国际商机公司的英文缩写 IBM 已成为计算机业界的标志。IBM 已成为计算机的代名词。

IBM 一向以严谨保守、稳健著称。在微电脑市场群雄逐鹿、如火如荼的年代里,IBM 公司一直远离烽火之外,固守其巨型计算机的领地。

然而,"将计算机还给人民"的微电脑浪潮势不可当,很快,从车库里诞生的苹果计算机,正在领导着一场计算机的群众运动。这无不强烈地冲击着在计算机业界要独揽一切的 IBM。

"蓝色巨人"迈向微电脑世界的一天终于到来了,IBM 深感如果依旧沿袭"蓝色巨人"昔日的组织结构和企业文化,还是搞不出成功的个人计算机的。于是决定打破 IBM 的传统框架,另外成立一个部门全权负责个人计算机的生产、程序开发和销售工作,这个部门也有权选择、决定跟 IBM 公司以外的任何软件、硬件生产或销售商合作。

IBM 公司确定了进军微电脑市场的方案,把这个方案取名为"跳棋计划"。该计划的领导人杰克·山姆组建了由 13 名 IBM 精英组成的"跳棋计划委员会"。他们首先研究了苹果公司成功的原因:要用不断更新先进的芯片来装备产品,同时,要开发自己的软件操作系统,建立相对开放的软件流通环境。

于是,英特尔公司和微软公司成为了 IBM 的"跳棋计划"合作的候选人。

其实,给盖茨打电话的正是山姆本人。

盖茨接到电话后,把艾伦和帕默尔找到办公室。

盖茨说:"IBM 的人明天到,国际商机公司可是家大公司哦。最好别让他们小瞧我们。"

当时,他们的分析是国际商机公司要购买他们的 BASIC 软件。然而,他们谁都没有猜中国际商机公司的目的。作为计算机领域内的领袖企业,IBM 如果仅仅是想购买一种软件,哪怕是世界上最好的,也用不着费那么大劲。事实上,他们有自己的打算。而且他们更有着自己的行为方式。

第二天,盖茨、艾伦和帕默尔心情特别紧张。为了尊重这些"蓝色巨人"的代表们,他们一改习惯了的圆领衫、牛仔裤和耐克运动鞋,郑重其事地穿上了笔挺的西装。

盖茨打趣地望着衣冠楚楚的帕默尔说:"真漂亮,为什么不到好莱坞去扮演一位博士?""我认为你更像是衣冠楚楚的顽童。"帕默尔回敬道。

IBM 来微软公司商谈的是山姆和詹姆斯,山姆一开始就拿出一份文件,要求他们共同签署,可是文件并没有涉及双方的利益问题,只是单方面提出苛刻的要求:微软公司不得在任何情况下泄露双方会谈的任何内容,微软公司不准在将来任何情况下向 IBM 公司提出法律诉讼。

山姆向盖茨解释:国际商机公司要用这种办法来保护自己,避免以后的司法纠纷。

盖茨这才从中嗅到了某种特殊的气味,他很清楚,如果国际商机公司只购买他的 BASIC 软件,是不会拟出这种协议来的,好戏还在后头!

盖茨很快就签了这份神秘的协议。山姆行事十分谨慎,没有谈及合作的问题,只问到盖茨他们对微电脑行业一般情况的看法,微软公司在电脑语言方面开发的成果,以及要盖茨解说为什么微软公司在软件行业中能够走在前头。

临离开前,山姆说:"我们会再和贵公司联络,请不要首先来电话或来信。"

事后,盖茨兴奋地对帕默尔和艾伦说:"伙计们,机会来了,虽然我还不太清楚,走着瞧吧!"

同样,山姆和詹姆斯也显得十分高兴。他们认为,年轻人盖茨是一个出色的人才,拥有对软件令人难以置信的丰富知识;有微软的合作,"跳棋计划"就有成功的希望。他们马上起草了一份给 IBM 总部的报告推荐盖茨及微软作为合作的伙伴。

在随后的一个月,"跳棋计划"委员会如期搞出了 IBM 的

"苹果机"样本,即后来驰名的 IBMPC 机;同时,总部批准了山姆他们的建议书。

不久,山姆和盖茨进行第二次会谈,这次会谈仍在西雅图进行,当盖茨他们走进会场,互相问好并入座之后,IBM 代表首先拿出一份协议要微软公司代表签字,内容和上次一模一样。盖茨在不明白对方意图的情况下乖乖地签了字,他们只是从直觉上认定 IBM 公司会给微软公司带来巨大的利益。

接着,山姆开始给盖茨等人介绍"跳棋计划"的内容,以及才开发出的 IBMPC 样本的技术方案,并提出了几个问题:

假如 IBM 公司的个人电脑产品可以运行市面上的所有通用软件,最快要多久推出?

如果将一个 8 位电脑规格交给微软公司,微软公司是否可以根据这个规格开发储存在只读芯片内的 BASIC 语言程序? 如果能够,是否可以在 1981 年 4 月完成?

盖茨明白 IBM 的意图之后,看了看设计图,便开始发表自己的见解。

山姆一边听着盖茨的分析,一边微微点着头,他从内心深处佩服盖茨的远见卓识。突然,一个更大胆的想法涌现了出来。不仅要与微软合作开发 IBMPC 机的程序语言软件,而且要与微软合作开发一种新的操作系统。

山姆明确表示 IBM 要购买微软的操作系统用于 IBMPC

机,同时还要购买几种语言:BASIC、COBOL、FORTRAN。

这时,盖茨在考虑是否为 IBM 做一个操作系统出来。经过数日犹豫之后,盖茨终于下定决心开发操作系统了。这意味着,微软走向了大飞跃的关键日子,也意味着:微软向计算机软件"霸主"位置迈进了。

基于当时微软还无力开发操作系统的情况,艾伦向自己的好友、西雅图计算机制造公司的副总裁帕特森购买到了Q—DOS 操作系统的使用权。艾伦还没有与西雅图计算机制造公司做完交易,盖茨和帕默尔就迫不及待地向 IBM 公司出售 Q—DOS 操作系统的许可证。

随后,盖茨一行匆匆赶往 IBM 公司,他们被领到一个不大的会议室,里面密密麻麻坐满了人,14 个 IBM 的工程师严阵以待。领头的是公司副总裁艾斯特里奇。

在一整天的会谈中,盖茨回答了工程师们提出的几十个问题,面对一个个质询,盖茨显得从容不迫、严谨而自信。这让第一次与盖茨打交道的艾斯特里奇深感惊喜。

1980 年 12 月,微软与 IBM 公司签订了合同。在合同中规定,微软公司按照"跳棋计划"的安排,做未来的 IBMPC 机所有软件工作,而报酬仅有 18.6 万美元。

而盖茨并不在乎这个报价,他清楚知道微软公司的软件将成为 IBMPC 机的衍生物,只要 IBM 公司成功地销售了他们生产的机器,用户必然要到微软公司谈开发应用软件事宜,对微软来说,修改软件是很容易的事。特别是这样一来,其他微电脑也可以用微软公司的软件。

签完合同后,微软公司的软件开发工作进入前所未有的紧张状态。盖茨和帕默尔选定微软公司八楼的一间小房作为软件开发室。IBM 极端重视保密,专门送来了保密文件锁。并经常派人来做安全检查,为了联系的安全可靠性,还专门设立了一套专用电子通信装置。

操作系统的重要性犹如乐团的指挥。而合同的第一项订货正是操作系统。可盖茨本人又不擅长操作系统。盖茨毅然决定启用新人。新人就是精于软件设计的年轻人奥尼尔。

奥尼尔和另一名设计师考特尼为操作系统的开发日夜工作。整个年底都泡在机房里,甚至圣诞节也没回过家。

不久,IBM 公司向微软公司提供了一台 IBMPC 机的样机,这台机器装的不是 8086 微处理器,而是英特尔公司的最新产品 8088 微处理器。正当奥尼尔在由 IBM 公司提供的 IBMPC 样机上编写操作系统程序时,发现了不少预料不到的问题。

1981 年 1 月 5 日,奥尼尔写信给 IBM 公司"跳棋计划"负责人,希望 IBM 公司重新设计主机电路板,以发挥 8088 微处理器应有的功能,同时希望 IBM 公司延迟微软公司的交货时期。

奥尼尔的信引起了 IBM 公司的高度重视,他们不时派工程师千里迢迢从东部飞到西部,与奥尼尔进行紧急磋商。最后,IBM 同意微软公司延期交货。

此时,盖茨和艾伦则忙于把原来的 BASIC 软件改进为能用于 IBMPC 机上的软件。除了 BASIC 软件之外，按合同还要完成 COBOL、FORTRAN、PASCAI 的软件转化工作。

在与 IBM 公司的合作中，微软公司的软件设计水平与能力迅速提高，队伍也逐渐壮大，到 1981 年，微软公司员工已增加到 100 人。然而，IBM 公司还是担心微软公司人手不够，并为每一个微软公司的程序设计师安排了一名测试人员，采用一切先进的手段测试微软公司的软件。在 IBM 公司的帮助下，微软公司把软件设计推向一个全新阶段。

在这期间，盖茨通常是把自己关在办公室工作，几乎是足不出户。但是，IBM 公司的工程师们频繁地往来于西雅图和佛罗里达州的伯卡拉顿之间，这引起传播媒介的兴趣，有关 IBM 公司将有大举措的消息时有报道。这使盖茨惊慌失措，唯恐 IBM 公司误以为是微软公司泄露消息。

除此之外，盖茨还特别担心一个法律问题。

艾伦从西雅图计算机制造公司购得的 Q—DOS 操作系统，实际上仅取得了使用权，制造公司还可能将此系统转让给其他客户。这意味着，从 Q—DOS 开发的 MS—DOS 有重大的隐患，只有独占其操作系统的标准才能获得更好的商业利益。

为了解决这一棘手问题，盖茨和艾伦经过多方努力，终于在 1981 年 7 月 26 日与西雅图计算机制造公司签订了转让合同。这样，微软终于拥有了自己的操作系统，这为后来微软的辉煌迈出了决定性的一步。

盖茨为此欣喜若狂。

不久,又传来 IBM 公司马上会将 IBMPC 个人电脑正式推出市场出售的好消息。

所有的忧心问题全部解决了。

兴奋不已的盖茨破例地在西雅图一家大餐厅摆下了庆功宴。微软员工们痛痛快快地高兴了一番。

随后,微软公司的设计师们再度进入紧张状态,继续完成 MS—DOS、BASIC、COBOL、FORTRAN、PAS—CAL 等开发收尾工作。

1981 年 8 月 21 日,国际商机公司向全世界宣布 20 世纪 80 年代电脑界最大的一起新闻:第三代个人电脑 IBMPC 机正式问世了。

与此同时,IBM 公司还接受了微软公司开发的 MS—DOS1.0 版,将这个由 4000 行汇编语言写成的、占用 12KB 内存的软件作为 IBMPC 个人电脑的操作系统。

MS—DOS 在社会上犹如天女散花,铺天盖地而来。微软在用户的心中正式成为 IBMPC 个人电脑软件方面的供应商。微软越来越多地开发各类应用程序来满足 IBMPC 个人电脑的需求。

比尔·盖茨成了最大的赢家。此时的他已成为美国电脑软件开发行业举足轻重的人物了。

可大名鼎鼎的比尔·盖茨,年仅 26 岁。

1981 年,微软公司的收入增加到 1600 万美元。

◉ 连战告捷

1982 年春天,西雅图艳阳高照,百花吐艳。微软公司的员工们个个笑逐颜开，搭载 IBMPC 个人电脑航船出海的战略初战告捷，除了 MS—DOS 如日中天之外，微软的触角已伸入到诸多语言领域——BASIC、汇编、FORTRAN、COBOL、PASCAL……比尔·盖茨的照片也第一次上了《财富》杂志的封面，这位年轻的新星引起了美国公众的注意。

1982 年中，DOS 几乎统治了美国 IBMPC 市场。此时的盖茨和艾伦开始把注意力转移到了欧洲新兴的个人电脑市场。

然而，天有不测之风云，人有旦夕之祸福。正当艾伦与几个微软成员在法国巴黎进行一次商业旅行时，他突然感到发烧得厉害，脖子上长出了一个小肿块。

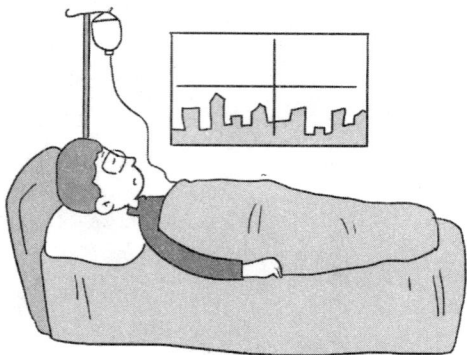

几天之后，仍不见好转。他只得终止旅行，回到美国。

医生几次诊断的结果表明，艾伦有某种癌变，应立即进行化疗和放射性治疗。为此，艾伦不得不离开微软公司接受治疗。

1982 年，IBM 公司兴建了一座自动化工厂，大量生产 IBMP 机，价格急剧下降，IBMPC 机销售量直线上升，以每月 3 万台的速度增长。

IBMPC 机的飞速发展，同时也带动了 MS—DOS 的发展，在 MS—DOS 取得稳同地位后，年轻的盖茨张开了幻想的翅膀，他开始暗自策划了一个新的战略——攻向应用软件的广阔天地。

瞄准了不可一世的"维赛计算"软件，这是一种电子表格软件。

而当时在电子表格软件领域独领风骚的是"莲花 1—2—3"和"多元计划"。微软公司在分析和比较了这两种软件的优劣之后,议定了新的电子表格软件的规格和应具备的特性。

盖茨没有隐瞒设计这套电子表格软件的意图,从最后确定的名字"超越"中,谁都能够嗅出挑战者的气息。

程序设计师们经过挥汗、忘我工作之后,1985 年 5 月的一天,盖茨一行千里迢迢来到纽约中央公园附近的一家宾馆,隆重举行"超越"新闻发布会。

在预演时,"超越"的演示程序竟不听使唤。这可急坏了盖茨,他命令操作人员立即删掉部分演示程序。

幸运的是,正式演示还算顺利。苹果公司的乔布斯亲临讲话以示支持。此后,苹果公司的麦金塔电脑大量配置超越软件。到 1987 年时,"超越"已占电子表格软件的 89%。

莲花公司的"爵士乐"比"超越"慢了 5 个星期。这 5个星期就决定了它失败的命运。到 1987 年时,市场报告表明:"超越"以 89% 比 6% 的悬殊比分,远远超过了"爵士乐"。

这次成功,使盖茨雄姿英发,信心百倍。

　　早在1981年9月,嗅觉灵敏的比尔·盖茨就得知加州硅谷施乐公司的PARC研究中心有一项新技术:"图形用户界面",并由此设计出了一种有窗口、图标和鼠标器的新型电脑:Star计算机。

　　于是,盖茨又开始设想在MS—DOS和应用软件之间,增加一个个人电脑的"界面管理者",如果能树立界面标准,就会有更多软件开发商为微软的图形环境编写应用程序,也可以说服个人计算机制造厂商在其出厂机型中捆附"界面管理者"软件。

　　1982年,微软公司集中了20名程序设计员,开始了"界面管理者"项目设计,但进展迟缓。

　　然而,早在盖茨之前,苹果公司就注意到了PARC的这项新技术,便不惜重金,从PARC挖走了一批科技精英,研制以"图形界面"概念设计的个人计算机。

　　1983年元旦,苹果公司以"图形界面"设计的第一台个人电脑"丽萨"问世。可见,微软在这项技术开发上落后了。

　　就在盖茨一筹莫展之时,微软公司负责公共关系事务的副总裁罗兰德·汉森又一次抨击了技术思维式的"界面管理者"命名。他建议更名为"窗口"。这就是日后大名鼎鼎的"视窗"的由来。

　　1983年11月10日,微软公司为"视窗"召开了第一次产品发布会,宣布第二年年初就把它交付给用户使用。

　　而开发新一代的"窗口"软件谈何容易。要知道,当时个人电脑的内存量只有256K,而视窗所需内存远不止这个数,个人电脑里的8088微处理器的速度太慢……微软公司无奈地多次宣布,交货时间推迟。

面对人们的责问,盖茨急得团团转,幸好微软公司聘任不久的新总裁谢利调兵遣将,充实研究队伍,日夜不停地忙碌。"视窗"小组的天才设计思想在"窗口"里体现得淋漓尽致。

这套程序的 85% 是用 C 语言编写的,其余的关键部分则直接采用汇编语言写作。事后,有人对开发这个最初"视窗"版的设计时间进行过统计,它总共耗费 11 万个程序工作小时,其难度可想而知。

微软的"窗口"一改交叠于桌面,看上去井然有序。为了展示"视窗"的强大功能,微软的程序师们还编写了诸如写作和打印等应用程序,还给它增加了日历、计算机、名片等各式常用工具。

1985 年 5 月,"视窗"软件演示成功,同时,盖茨向世人宣布:"视窗"1.0 版软件仅标价 95 美元。1 个月后,微软公司对外发放了"视窗"1.0 的测试版。

"超越"软件开发成功、"视窗"一炮打响,声威震撼了美利坚大地。微软自己的办公大楼也破土动工……

1986 年 3 月 13 日,微软股票在纽约股票交易所上市,开盘价为 25.17 美元,当日收盘就涨到了 29.25 美元。

一周后,上升至 35.50 美元。一年后,即 1987 年 3 月,微软公司的股价上升到每股 54.75 美元,盖茨的个人财富也因而增至 10 亿美元,成了名副其实的亿万富翁。这时,他才 31 岁。

至 1992 年,盖茨已拥有 70 亿美元的资产,已成为世界上最富有的人。这时,他年仅 37 岁。

自"微软帝国"建立以来,微软公司在软件市场上所向披靡。在"视窗"3.0 之后,微软公司于 1992 年推出支持多媒体的"视窗"3.1 版,又于 1993 年推出支持网络的"视窗"NT 版,都大获成功。

"视窗"还在不断发展之中。1994 年,微软将"视窗"新 3.1 版命名为"芝加哥";1995 年,将推出"视窗"NT 的新版本以"开罗"命名。

微软公司给"视窗"的未来版本两个命名,寓意深远,表明"视窗"的目标远大,路程漫长,要一个驿站一个驿站地走下去。

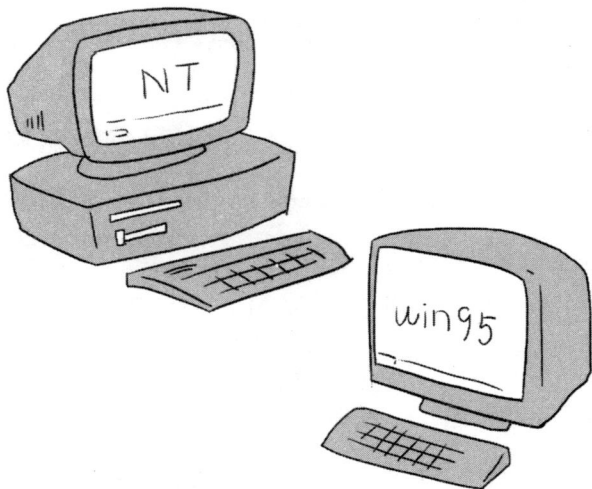

随后,微软公司又推出了"视窗 95"。"视窗 95"是针对目前电脑操作的复杂化而来的,他的图形界面,即插即用功

能,多任务操作。这无疑是使电脑操作更简单化。社会大众似乎以一种迎接软件救世主的心态来期盼全新的电脑时代降临。

"视窗95"并不只是一个软件,同时也是反映个人电脑用途和趋势的榜样。盖茨正是用"视窗95"来实现他"将计算机还给人民"的愿望。"视窗95"被称为"世纪软件"。

1995年8月24日,"视窗95"正式发行。奇迹再次出现了。就在当天,在美国就销售了30万套,4天之内,全球销售突破100万套,1995年年底达3000万套。

1995年,微软公司年度营业额高达270.4亿美元,年收益17.8亿美元。盖茨的个人资产达到134亿美元。1998年,盖茨的个人财富多达510亿美元。

盖茨从无到有,从一文不值到富甲天下的创业历程,正好20年,也就是说,这期间他平均每天赚180多万美元。同时,盖茨领导的微软公司,有16000名雇员,其中,百万富翁有2000多人。

在以后的日子里,比尔·盖茨以其敏锐的市场反映能力,一步一步地向前迈进。

他以乐观的态度注视着未来风云,他有信心让"微软帝国"大厦永远雄伟地屹立于计算机世界,由他为人类开启通向未来的道路。

◉ 注视中国

盖茨向往中华大地的古老文明。敏感的盖茨把目光投向了拥有巨大市场潜力的中国。

1994年3月,盖茨第一次来到了中国。江泽民主席亲切会见了这位"时代骄子"。

1995年9月,盖茨再次来到中国。这次,他与江泽民主席交谈热烈,涉及家庭、文化、软件、网络等一系列问题。

1996年3月,微软公司在北京推出备受瞩目的"视窗95"中文版。

1997年12月,盖茨又一次来到了中国。并于12日,他悄悄地来到清华大学。

清华园里刮起了"盖茨旋风"。容纳500人的会议厅挤进了1.5万名学子。他们无不为能亲眼目睹这位软件巨子而感到兴奋。

盖茨轻松走上演讲台,他身材颀长,面带微笑,娓娓道来,时而双臂交叉,时而靠立桌边,时而单脚支地在高脚椅上,未加修饰盖茨向学生们介绍计算机的发展趋势,在演示屏上,盖茨手上没有鼠标,面前也没有键盘,他完全通过自己的动作来控制电脑。

点头,电脑便是"Yes"!

摇头,电脑便是"No"!

——看着他幽默的表情和电脑的神奇技术,会场上爆发出热烈的掌声。

"盖茨旋风"说明:古老的中华大地已体会到了知识经济时代的脉搏。中华儿女已做好准备,决心在知识的海洋里遨游……

第七章

"军火大王"杜邦

◉ "根"在法国

杜邦家族,在美国可以说无人不知,无人不晓,作为美国十大财团之一,在世界上的知名度和影响力也不可低估,它已成为一棵覆盖世界的巨树。然而,就是这样一个知名的美国家族,他的"根"却在法国。

1739年,皮埃尔·塞缪尔·杜邦出生在法国一个贫穷的钟表世家。父辈们手艺精湛、勤劳操作,经他们的手制作的钟表无以数计,但日复一日,年复一年,日子过得并不宽裕。目睹这一切的皮埃尔发誓放弃祖业,远离滴滴答答的钟表声。

1764年,皮埃尔发表了极具学术才华的《对国家财富的观感》,书中对农业资本主义加以推崇。这引起了当时著名的法国资产阶级古典经济学家杜尔哥的注意。

由于杜尔哥的栽培和举荐,1765年,26岁的皮埃尔被任命为《农商与财政杂志》的编辑,有了令人羡慕的职业。

就在这一年,春风得意的皮埃尔与他青梅竹马的女友玛丽亚结为伉俪。

很快,爱情之花结出硕果:1767年10月1日,他们的第一个孩子维克多诞生;1771年6月24日,第二个孩子艾乐·杜邦诞生。艾乐·杜邦就是后来杜邦财团的创始人。

在老二快要降生人世时,皮埃尔便请他们的恩人杜尔哥做孩子的教父,并为孩子赐名艾尔提尔·艾乐·杜邦。

学识渊博的教父说,"艾尔提尔"是自由,"杜邦"是和平女神,名字寓意深刻。

然而,长大后的杜邦却辜负了长辈们的企盼与心愿,他的一生与火药和战争紧密地联系在一起,成为一个制造武器的"军火大王"。

1774年,法国路易十六即位。杜尔哥是路易十六王朝的财政总监,并深得国王的喜爱。于是,杜尔哥举荐皮埃尔·杜邦为路易十六王朝的商业总监。

幸运之神所钟情的皮埃尔又碰上了一个好机遇。

1776年美国宣告北美13个殖民地脱离英国,成为独立的美利坚合众国。在这场独立战争中,法国起着居中调解的作用。

皮埃尔受法国政府之命,参与英美之间的调解人,在调解的过程中,皮埃尔充分发挥了他的聪明才智和政治天赋。终于促成1783年9月3日《巴黎和约》的签订。

英国承认美国独立,这给皮埃尔带来了两大收获:其一是因为他调停有功,路易十六授予了他贵族特权证书,他跻身于上流社会的愿望实现了。

其二是他在参与英美谈判期间,结识了美国起草《独立宣言》的杰斐逊和富兰克林,交往密切,成了好友,这为日后踏上美国土地提供了极大的方便。

正当皮埃尔一家在风景如画的别墅享受贵族生活的时候,不幸突然降临到这个家庭。1784 年 9 月,玛丽亚病逝了。全家人陷入莫大的悲痛之中。

皮埃尔为了尽快让两个儿子从失去母亲的悲痛中走出来,决定提前为他们举行成人宣誓仪式。希望通过仪式,使他们从悲痛中醒来,并且振奋精神,坚定地走好自己的人生路。

母亲离世后一个月,两个儿子举行了成人宣誓仪式,老大17 岁,老二 13 岁。他们提前"成人"了。

成人仪式庄严肃穆。正面摆着一尊母亲的石膏塑像,父亲皮埃尔坐在塑像旁边的一把高背坐椅上。

维克多和杜邦一动不动地站在母亲的塑像前,两双深陷的蓝眼睛凝视着"母亲"的眼睛,等待着父亲说话。"把剑举起来!"皮埃尔命令着。

几乎在同时,三把剑举了起来,在不很亮的屋子里闪着寒光。

"当"的一声,三剑相交,在静得出奇的屋子里响声显得特别大,并拖着长长的回声。

"你们对着'母亲'发誓,此刻举着的这把象征着杜邦家族的剑,不为懦弱和畏惧而拔,也不为兄弟之间的互相残杀而拔。"

"我发誓!"兄弟俩异口同声地说。

皮埃尔满意地点着头。

又问道:"你们能否保证,今后不论发生什么事情,你们俩兄弟要有福同享,有难同当,手中的剑要永远团结在一起。"

"敢发誓,向上帝发誓!"

"敢保证!"兄弟俩同样庄严地回答着!

接着,在玛丽亚的塑像前,三只手举着三把剑在空中交叉着,久久地举着,久久地交叉着,仿佛在锤炼着意识,仿佛在塑造着家族的凝聚力。

维克多与杜邦将剑收入剑鞘后,父亲以剑身拍击杜邦的左肩,成人仪式宣告完成,这天杜邦同时获赠一枚配在剑柄上的金质杜邦家徽。上面雕刻着鸵鸟和梅花。后来这把剑随他到了美国。

家风家训每家都有,而杜邦家族在此后 200 年的风风雨雨中,有着常人难以想象的家族凝聚力,维系着拥有 6000 多家族成员的大财团。这在美国全部财阀家谱中是独一无二的。

杜邦帝国的创始人艾乐·杜邦经过了如此严格的家训和

如此庄严的宣誓,所以杜邦之后,实际上仅有 4 代共 12 人坐上杜邦财阀大家长的宝座:家长宝座并非单纯的父传子的接力方式,更有从兄传到弟,甚至堂兄弟。牢而不破的血统力量,在此得到了最好的诠释。

维克多生性好动、言多于行、虎头蛇尾,但凭借父亲皮埃尔的权势,在路易王朝中谋到了一个位子,去了路易王朝第一任驻美大使所在地费城,做起了外交官。

杜邦是那种不容易引起别人注意的人,但却极爱动脑,对每一件事都能认真地审视,认真地思考。他办事慎重,律己甚严,把读书视为生活中最重要的部分,对科学有着近乎狂热的痴迷。

被称为"法国近代化学之父"的安东尼·拉瓦锡与皮埃尔一起效忠路易王朝,他是制造肥料和火药的专家。他常到皮埃尔家做客。当两位大人谈论火药试验时,小杜邦总是坐在一旁,津津有味地听着大人们的谈话。

终于有一天,小杜邦按捺不住了,软磨硬泡非要拉瓦锡带他去参观火药工厂。拉瓦锡答应了。"火药工厂"对杜邦简直成了神秘的世界。

从此,他对化学着了谜,渐渐地就疏于其他功课的学习。学校把他开除了。这倒遂了他的心愿,他索性进了拉瓦锡主管的皇家火药厂,专心致志地去想他的化学,想他的火药。

1791 年,杜邦 20 岁,他与美丽少女苏菲娅喜结良缘。就在一对新人欢度甜蜜时光之际,法国资产阶级大革命爆发了。这场革命风暴改变了法国,也改变了新贵族的家庭生活。

1793 年初,法国国王路易十六被送上断头台。接着,皇后也难逃一死。

1794 年 6 月,化学家拉瓦锡被送上了断头台。皮埃尔也被关入牢狱。但狡诈的皮埃尔化装成老医师从狱中逃了出来。然而,好景不长,皮埃尔又被抓住,和儿子杜邦一起投入牢中。

一个月后,大难不死的皮埃尔·杜邦父子获得自由,回到了自己的庄园。

但执政的督政府发布公告说:一切反对取消贵族而保留贵族爵位的人,都必须离境;若不离开共和国的国境,必须在 7 年后才能行使法国公民的权利。

◎ 崭露头角

1799 年 10 月 2 日,皮埃尔一家 13 口人告别了法国,他们登上了"美国之鹰"号驶向美国。

经过 60 个日日夜夜的远航,疲惫不堪又担惊受怕的人们终于踏上了美利坚的土地。

1800 年的新年,杜邦家族乘坐的"美国之鹰"号因偏离航向没有到达目的地纽约,而是到达了罗德岛。

在寒冷和饥饿的驱使下,皮埃尔·杜邦带着家人冲向岸边,来到一所小屋前,可主人不在家。这些饿疯了的人不顾一切,敲碎玻璃,冲进屋里,将主人家为新年而准备的丰盛晚餐风卷残云般地吃了个精光。

吃饱后的皮埃尔又恢复了绅士风度，给房屋主人写了一张字条："饥饿使我们享用了您们的晚餐，感谢您们，雪中送炭的好人们。"并从口袋中取出一块法国金块放在桌上，然后悄然离去。

虽然没有到达纽约，但只要一踏上美利坚的土地，皮埃尔心里的一块石头就落地了。因为他事先就安排续弦妻子的儿子普希，先行来到美国准备接应全家。

普希是一个能干、称职的人，他在新泽西买了一块土地，并利用新闻媒体大肆传播杜邦一家即将抵美的消息。

果然不出所料，美国官员表示欢迎这个有功于美国的法国贵族家族的到来。

因此，杜邦一家在美国受到了地方当局的照顾，没有费什么周折，便乘马车浩浩荡荡地开赴到了新泽西州哈得逊河畔——杜邦家族的新据点。

为了让美国公众了解这个来自异域的杜邦家族，皮埃尔在美国的第一件事便是召开新闻发布会，介绍杜邦家族与美利坚源远流长的友谊。没过几天，杜邦的名字在纽约就家喻户晓了。

皮埃尔·杜邦雄心勃勃，想在美国购买土地，建立殖民地。

但他在申南多亚河畔购买土地的计划因收到美国副总统杰斐逊的回信后流产了。杰斐逊以老朋友的真诚告诉他：美国人民反法情绪日益高涨……

老谋深算的皮埃尔不会就此罢休，他开始集中全力发展他的进出口贸易公司,他不惜用高薪聘请前华盛顿政府的财政部部长亚历山大·汉密尔顿担任公司的法律顾问。

然而皮埃尔时运不佳,失败接连向他袭来。他几乎支撑不住了,他痛下决心打道回府,重返法兰西。

正当皮埃尔整装待发之际,他的老友,时任美国总统托马斯·杰斐逊交给他一项特殊的使命,要他捎信给美国驻巴黎大使,商讨路易斯安那问题。

聪明的皮埃尔意识到自己不仅是一个信使,更是在美法之间调停的中介人。他建议杰斐逊购买路易斯安那。

在皮埃尔等人的不懈努力下,1803 年 4 月 30 日,美国以1500 万美元的价格从法国手里买下了路易斯安那共计 214.4 万平方公里的广袤土地,而平均每公顷的土地仅花了 3 美分而已!美国的领土一下子扩张两倍多。

正当皮埃尔轰轰烈烈地从事这些的时候,他的二儿子杜邦也没有沉寂,而是在考虑创立家族产业的百年大计。

杜邦感兴趣的是火药,他与美国结识的新朋友路易斯·特萨德考察了全美的火药,觉得这样的火药真是糟糕透顶了。于是他建议父亲在美国开办火药工厂。

他跟父亲分析了当时的形势:

"总有一天美国和英国会发生战争,那时将不能从英格兰买进火药,可美国生产的火药又不能用。退一步说,即使英、美不打仗,可美国是一个新兴的国家,火药无论是开垦田园、修筑运河、铺设桥梁等都是不可短缺的……"

听完儿子的精辟见解,皮埃尔赞叹不已,当即就下定了决心。

艾尔·杜邦开始忙碌起来:他决定先选厂址,并制定了建厂的三个条件:流速快的河流,多树木的森林,出花岗岩的地方。为此,他时常风餐露宿,不停地寻觅,终于在特萨德的帮助下找到了理想厂址:特拉华州的白兰地河畔。

接着,他开始了筹措资金和买地建厂的工作。

在路易斯的介绍下,杜邦认识了一个名叫彼得·博迪的人,他愿意出资入股杜邦创办的火药公司,对杜邦来说,真是锦上添花!

1802年4月,杜邦·尼莫尔火药制造公司的牌子赫然挂在特拉华州的白兰地河畔。

这是由杜邦家族控股的股份公司,也是美国历史上最早的股份公司,杜邦家族占11股,对企业的生产、经营拥有决策权。

同年6月,艾尔·杜邦携带妻子儿女,携带着属于他们的家财器具,来到了白兰地河畔斜坡上别人舍弃的破旧小屋里。

房中蜘蛛网从房顶一直拖到地上,大白天,成群的老鼠在屋里跑来蹿去。

杜邦的两个孩子:儿子艾乐弗雷德和维克多里娜看到这种情形,都吓得哭哭啼啼。但杜邦的妻子苏非娅明白丈夫的用意:一是一定要在这里扎根,二是让年幼的孩子也体验一下创业的艰辛。

屋外,杜邦挥汗如雨地挥锹挖土,把他特意从法国带来的各样植物种子一颗颗小心翼翼地放在土里,他们希望自己能够和这些种子一样,虽然来自法国,却能在美国土地上茁壮成长。

沉默寡言的杜邦有着如此坚强的毅力和如此丰富的内心

世界,难怪一个个竞争对手都败在他的手下了。

杜邦一家在此安营扎寨后便开始生活和工作了。他们砍伐响尾蛇藏身的树林,焚烧土地上的杂草,播种蔬菜粮食,饲养从巴黎带来的 7 只美丽的奴羊和一些本地的牛马……

这里的夏天,湿气特别重。屋顶很低,白天热气十分闷人,即使是在夜晚,也像置向于蒸汽浴中一样,令人浑身发汗。

杜邦不辞劳苦,骑马奔驰于费城及威明顿等城市,募集木匠、石工及货运车的车夫等。虽然蹩脚的英语给他的工作增添了许多困难,但任何困难都吓不倒这位坚强的创业者。

艾乐·杜邦虽然身边有位法国火药制造厂的设计专家,但杜邦没采用这位专家的方案,因火药制造有极大的危险性,稍有疏忽,即可能厂毁人亡;厂房的设计必须考虑到这一点,但又绝不能让人知道。

于是杜邦自己动手,亲自设计厂房构造。他告诉法国设计师:"你的设计很好,但这是我们将来的图纸。"

经过近一年的紧张工作,1803 年 2 月,杜邦火药制造厂的基本框架全部搭好,主要厂房已初步竣工,火药生产厂房非常奇特:厂房建造在河畔的斜坡上,一般人只以为这位法国佬过于精明,不愿花费平整土地的工钱,哪里想到杜邦心中的打算。

三面是用足有半米多厚的石头垒成的墙壁,而另一面,即面对河水的那一面却仅用了一层薄薄的木板遮挡着,房顶上只是盖了一顶大大的帐篷。

另外还建了一座硝石粉干燥厂和火药仓库,离火药制造厂很远。而且这些建筑要比火药制造厂房坚实得多、严密得多。

1803 年 3 月 15 日,杜邦家族的火药制造厂开工了。一大早,工人们各就各位。

　　8点整,杜邦宣布开机,可四周却安静得很,机器转动不起来。原来水的动力不够。他毫不气馁,请求公司的顾问汉密尔顿帮忙征地,水坝建起了,机器终于轰隆轰隆地转动起来了。

　　杜邦深知:产品质量是成功的关键。因此,从一投入生产,他就亲自严格把住质量关,不远万里从孟加拉运来的硝石,要一点点地、一次次地除杂物,然后才投入使用;硫黄从西西里岛运来,也要一遍遍地除去杂质。

　　他不是不计较产品成本,而是清楚:设在美国的杜邦公司不仅是为了眼前赚点钱求生存,而是要在数百家的火药制造厂中出人头地。质量就是杜邦家族的生命。

　　不久,杜邦火药厂生产出了第一批火药,这些火药,就其质量而言,超过美国任何一家的产品,但要打开销路,还得花费一番气力。

　　杜邦的商业天才,又一次发挥了作用,他制定了一套完整的促销计划:不惜花费大价钱在报上刊登广告;并为特拉华州的打猎者免费提供杜邦公司的火药……果然奏效,很多人知道杜邦公司的黑色火药了。

在父亲的帮助下,当时的杰斐逊总统向军方举荐了杜邦生产的火药产品。果然不出所料,订单像雪片一样飞向杜邦公司。公司的销售额急剧地上升,从 1804 年的 1 万美元增加到 1805 年的 3.3 万美元。

1805 年 7 月 4 日,美国杰斐逊政府的作战部长宣布:杜邦公司将负责生产美国政府的全部火药。

处在领土扩张过程中的美国需要大量的火药,杜邦公司火红了。

正当大批量的高额订单纷纷递上了杜邦的办公室时,一片阴霾神不知鬼不觉地飞来了。

一天中午,辛劳了大半天的工人正准备吃午饭时,忽然传来一声山崩地裂的巨响。

令人毛骨悚然的爆炸发生了,熊熊大火在燃烧。

这次爆炸震惊了整个特拉华州,同时也证明了艾尔的精明。

厂房的奇特设计在这次爆炸中帮了杜邦的大忙。工厂厂房三面用厚石块垒成的墙安然无恙;厂房与仓库、住宅分散布局,相隔较远,从而避免了株连,基本上没有受到什么影响。

杜邦看着那些自己亲手安装的心爱的机器已报废,心如刀绞。但他马上意识到,自己是一位企业家,要着眼于未来,着眼于发展。

于是,杜邦决定隆重埋葬 40 名死亡工人,每个死亡家属抚恤金高达 600 美元,伤者立即治疗。

此外,杜邦还以此次爆炸事件为契机,向社会公布了杜邦公司的抚恤制度:

因事故终身致残者可以在公司内部为其调整力所能及的轻活,并做到终生不解雇;

因事故致死的工人家属除一次性的高额抚恤金外,每月还可以领 10 美元的生活费。

死者子女由公司负责安排工作……

工厂爆炸后的第二天,工人们仍然到杜邦公司上班了,恢复工作很快完成。

订单又开始像雪片一样飞向杜邦公司。

随后,他又敏锐地意识到,随着公司的发展,劳资纠纷将日益增多,劳资关系将日趋紧张。

在这种矛盾中,宗教是可利用的驯服工人的方式,于是他斥资在工厂旁修建了白兰地圣约瑟夫天主教堂,并出钱聘请了一位虔诚的爱尔兰神父。

杜邦知道,公司借助天主教的严厉教规,可以训练一支绝对服从命令的工人队伍。

公司可以借助这一点,把一个火药工厂的死活祸福的责任推给无形的上帝,而不必由公司来承担。

在当时美国虽是一个独立的主权国家,却经常受英匡的欺辱。

1803 年至 1807 年期间,英国皇家海军一共扣押了 500 多艘美国船只,并在美国沿海设立关卡,封锁美国。法国也效仿英国,欺负美国。

美国被激怒了,战争的叫喊声在美利坚响成一片。火药是战争的粮食,战争是火药制造商的盛大节日。

1812 年 6 月,美利坚对大不列颠正式宣战——美英第二次战争开始了。

美国政府为了备战,大量订购火药。1811 年,联邦政府订购 5 万磅杜邦火药,1812 年猛增到 20 万磅,1813 年又增加到 50 万磅。

再加上海军的订货,在 1812 年至 1814 年的战争期间,杜邦公司共向政府出售了 100 多万磅火药。

在这场战争中,使艾乐·杜邦的火药制造厂得到了空前的大发展。

战争中,他的资本翻了好几倍。杜邦家族还在战争中领到了美国公民证。从此,他们真正成了美国人。

在火药厂生意红火之时,精明的杜邦又开始规划和兴建配套工程,充分利用生产火药的副产品,发展了染料油漆、建筑用焦油、药用木榴油,等等。在白兰地河畔形成了以火药为中心的产业群。

1833 年 6 月 27 日,杜邦的女儿苏菲娅·马德琳与哥哥维克多的三儿子这一对堂兄妹举行了隆重热烈的婚礼。为的是以近亲结婚来确保灵魂的诚实和血统的纯洁。

◉ 军火王国

政治的诱惑对于杜邦家族来说,简直是不可抵挡!

早在杜邦家族来美国之前,就与杰斐逊和富兰克林有特殊的友谊,为日后他们在美国的发展及进入政界提供了许多方便。

皮埃尔受命于杰斐逊为美国购买路易斯安那竭力奔走,为杜邦家族进军政界奠定了最初的基石。

杜邦在开办工厂时就暗下决心,杜邦家族不能光在经济领域中发展,一定要涉足政界,以经济实力作为参与政治的基础,以政治的力量作为经济进一步发展的保证。

1813 年,英国舰队猛烈地攻击特拉华州河畔。为了保卫杜邦火药厂,杜邦武装了当地的工人和农民,这支民兵团得到了州政府的支持。

1815 年,极具政治天赋的哥哥维克多作为白兰地选区的代表被选进特拉华州众议院,1820 年,又顺利进入了州参议院。

杜邦公司一直在谋划组建一个包括众多产业在内的具有多种特许权的新型大公司。

但特拉华州宪法不允许出现垄断性质的大公司。后来在杜邦家族的操纵下,召开了特拉华州议会。

议会修改了州宪法,制定了有利于杜邦家族的新宪法,为杜邦公司大发展扫除了障碍。

在1904年的大选中,杜邦公司给西奥多·罗斯福提供了7万美元的赞助,他上台后制定的某些政策有利于杜邦公司。

从1905年7月至1906年7月,美国陆军部就向杜邦公司订购594.782万磅无烟火药。

杜邦公司把每磅生产成本仅有0.32美元的火药,以每磅0.7美元的价格卖给了政府。仅此一项交易,杜邦公司就轻而易举地赚了220多万美元。

在罗斯福当政期间,杜邦轻而易举拿到了1200万美元。

精明的杜邦人用金钱收买选票,从特拉华州至华盛顿,在众议院、参议院以及政府各部门,都有杜邦家族的人,或杜邦公司的代理人,以致使他的力量能凌驾于政府之上。

他们通过各种方法、各种渠道,与政府建立了良好的牢不可破的"友谊"。这友谊是支持杜邦公司的一根顶梁柱。

通过努力奋斗,杜邦帝国不仅拥有了白兰地河畔两岸,而且拥有了特拉华州。

在著名的港口城市威明顿,放眼望去尽是杜邦的天下。所有醒目的建筑上都扬着杜邦家族的旗帜,都刻有DUPONT的标志。

耸立在市中心的是杜邦公司大楼——后来成为世界上最

大的化学公司总部的大楼、威明顿信托公司大楼、农民银行大厦、纪莫尔大厦、特拉华信托公司大厦、德尔马弗电力和电灯公司大厦、晨报大楼等等。

白兰地河畔、威明顿市,乃至整个特拉华州就是由这样一座座、一幢幢、一群群的建筑构成了一个完整的杜邦帝国。

在特拉华州,杜邦公司雇用了这里11%以上的劳动力。

如果把杜邦家族的其他企业都计算在内的话,将超过75%,整个美国有100多万人在为杜邦家族而工作。

可是,艾尔·杜邦却伤感起来了。自己一辈子辛辛苦苦苦创下的基业,儿子却不愿接手,能不伤感吗?

1834年9月下旬,伤感多年的杜邦终于露出了微笑:心爱的小女儿艾尔梯拉有了丈夫,即杜邦挑选的有才华的托马斯·麦凯·史密斯博士。

1834年10月31日凌晨,艾尔·杜邦因心脏病突发而离开人世。为他63年的生命历程画上了句号。

巧合的是,虽然他比哥哥维克多晚死7年,然而兄弟俩却死于同一种病、同一个城市,甚至同一座旅馆。

这是因为亲兄弟的难分难解的手足之情,还是因为维克多的灵魂在召唤? 这谁又能说得清!

杜邦去世之后,他的三个儿子中谁也不愿意承担管理巨大财富的重担。

无奈之下,兄弟三人:艾尔弗雷德、福特和亚历克西斯合伙组成一个杜邦公司管理委员会。不设董事长的职务,三人平起平坐,均为伙伴关系,老大艾尔弗雷德称为高级伙伴,老二福特和老三亚历克西斯称为低级伙伴。

杜邦家族一直以团结著称于世。三兄弟不但教育工人开源节流,他们自身率先垂范,从不乱花一分钱。

三兄弟还清公司成立时期出资者的全部资金,并连同他们所持有的杜邦公司的股票也一同买下。

这样,杜邦公司就成了一个没有任何外人插手的纯家族的公司了。

1846 年 5 月,美墨战争爆发,这给杜邦三兄弟带来了发展机遇。战争期间,杜邦公司向政府出售了 100 万磅火药。

公司兴旺发达了,然而艾尔弗雷德却累死了。于是艾尔弗雷德的长子艾尔提尔·艾尔第二成了两位叔叔的伙伴。

开发西部又为杜邦家族的发展提供了良机。杜邦公司的火药在开发热浪中供不应求。

但是亚历克西斯却在实验室里被爆炸声送进了天堂。福特·杜邦又将艾尔弗雷德的小儿子拉蒙·杜邦拉进了高层管理机构。

拉蒙·杜邦是宾州大学化学系的高材生,是艾乐·杜邦 24 个孙子中最有才华的一个。

1861 年,美国南北战争爆发,从 1861 年 4 月到年底,仅 8

个月时间,杜邦公司就向联邦政府出售了价值 230 万美元的枪炮火药。

这是杜邦公司自投产以来的最大的一笔交易。

1862 年 3 月 8 日,拉蒙·杜邦经过千辛万苦研制成功的"拉蒙巨型"火药在罕普敦罗得海战中发挥威力,南军鬼哭狼嚎。杜邦公司从南北双方的厮杀中获暴利 100 多万美元。

1872 年 10 月,杜邦公司发起成立了美国的火药托拉斯。成为控制着美国黑色火药 85% 的火药霸主。但他并没满足,征服的欲望永无止境。

1889 年 8 月 8 日,严厉精明的福特大叔,在对杜邦公司和杜邦家族统治了 39 年之后闭上了眼睛,恋恋不舍地离开了人世。

他的统治为杜邦家族留下了垄断全国火药产量 92.5% 的火药托拉斯和千百万美元的私人财产。

艾乐·杜邦的三子亚历克西斯的儿子犹仁·杜邦接替了福特。

犹仁·杜邦也是宾州大学的高材生,素质优良。他接手公司后,大胆地进行了一系列的改革。

他改革财团体制——变合伙公司为真正意义上的股份公司。这是杜邦公司从家族企业向现代企业迈出的一大步。

同时,他还依靠实力,通过竞争抢占了世界市场,甚至向火药的故乡——中国倾销杜邦火药。

1902 年 1 月 21 日,雄心勃勃的犹仁·杜邦突然死于肺炎。

犹仁去世之后,接替他的是艾尔弗雷德、科尔曼和皮埃尔三位堂兄弟。

新上任的杜邦公司董事长科尔曼是一个精明强干的企业家,既有清醒的头脑,又有勇往直前的魄力。

他使杜邦公司开始涉足金融业。他最拿手的就是"吞并",即杜邦这个大鱼吃掉所有的小鱼。他横扫了美国火药市场。

1914 年,第一次世界大战爆发,这赐予杜邦公司一次发大财的机会。

到 1919 年战争快结束时,杜邦公司已捞取了 2.27 亿美元的纯利润。

战争期间,协约国射出的炮弹,有 40% 是用杜邦公司的炸药制造的。

从此,拥有 3 亿多美元资产的杜邦公司成为事业雄厚的垄断公司。

第一次世界大战结束之后,杜邦公司为人们的和平生活生产着尼龙丝袜、包装各种食品的玻璃纸、五颜六色的油漆及各种各样人们所喜爱的汽车。

在 1939 年 9 月,在第二次世界大战爆发的时候,杜邦公司已为全面的战争做好了准备。

他不但向交战的双方供应武器,而且从美国政府那里接受了大批军火订货。

1940 年初, 罗斯福政府向杜邦公司订购了 2000 万美元的无烟火药。

1941 年, 轰动一时的杜邦尼龙神奇地变成了"杜邦降落伞"。

1941 年 12 月 7 日, 日本偷袭珍珠港。不久, 美国对日宣战。

美国的参战, 为杜邦公司产品的生产和销售提供了更多更好的机会。

杜邦公司紧紧地抓住了这个机会。

1941 年, 杜邦公司所得利润为 7700 万美元。

1942 年杜邦公司创下前所未有的最大销售量——4. 98 亿美元。1941 年至 1945 年, 杜邦公司总共获得营业利润 7.41 亿美元。

在第二次世界大战期间, 杜邦的另一个惊人之举就是参与制造了世界上第一颗原子弹。

1945 年 8 月 9 日, 当美国向日本长崎投下一颗原子弹时, 日本军国主义分子被它吓破了胆。日本天皇匆匆宣布投降。

◉ 今日杜邦

公元 2002 年是杜邦公司在美国成立 200 周年的纪念日。从 1802 年开始,杜邦家族通过八代人的努力工作,把一家小小的火药公司,变成了美国最大的工业王国之一。

如今,杜邦家族是控制美国的十大财团之一。

全美 50 个州,无论何处,无不受到杜邦家族的影响。

杜邦复合企业大集团,就像一株根深叶茂的大树,其势力范围的分布,简直就是美国资本主义经济发展史的缩影。

杜邦集团下属的企业,包括工业、铁路、石油、航空、银行、波音飞机制造、可口可乐、保险、车工、化学、食品、电视、电脑……几乎渗透到全美和全世界的各个领域。

杜邦公司的总部大楼建于 1915 年,其核心——董事会 1931 年起进入大楼办公,直至今日。

杜邦公司作为一个家族式企业起家,160 年间一直由杜邦家族成员直接管理企业,直至 20 世纪 60 年代末,才由非杜邦家族成员执掌帅印。

今日的董事会成员有 13 位,还有三名杜邦后裔是董事会成员,而董事长、总裁、首席执行官已均非杜邦家族成员了。

如今的董事会也是历届规模最小的。

现在董事会的人员构成是根据公司业务需要匹配而成。

现任董事会中除在杜邦公司任职的董事外,还有一位斯坦福大学的教授、一位经济学家、一位瑞士 ABB 公司的老板、还有一位日本三井公司的执行董事,另外还有两位女董事。

至今,杜邦公司已有了成千上万种产品,已成为一个跨国公司、全球性企业,在不同的市场上、不同的文化中推销同样的杜邦公司产品。

如今的杜邦公司虽然已经发生了变化,但有一些事情仍保持未变。

杜邦公司在科学和技术方面的核心竞争力、它的致力于安全问题、它的对人类的关注、它的集体感、它对个人和公司完整性的看重、它的未来发展战略以及它对变化的适应能力,这些对杜邦来说都不是"新"的,它们一直是杜邦企业文化的核心。

如今,杜邦家族的成员一边享受着豪华无比的现代生活,一边加倍珍视家族殊誉。

他们不仅在工业领域,而且在金融投资领域和公益事业方面叱咤风云,在未来的世界经济竞争中发挥着越来越重要的作用。